Mallarmé aos 19 anos. Foto anônima. Cliché Bibliothèque Nationale, Paris.

Os Anos de Exílio do Jovem Mallarmé

Estudos Literários 24

Joaquim Brasil Fontes

Os Anos de Exílio
do Jovem Mallarmé

Ateliê Editorial

Copyright © 2007 Joaquim Brasil Fontes

Direitos reservados e protegidos pela Lei 9.610 de 19 de fevereiro de 1998.
É proibida a reprodução total ou parcial sem autorização,
por escrito, da editora.

Dados Internacionais de Catalogação na Publicação (CIP)
(Câmara Brasileira do Livro, SP, Brasil)

Fontes, Joaquim Brasil
   Os anos de exílio do jovem Mallarmé / Joaquim
Brasil Fontes. – Cotia, SP: Ateliê Editorial,
2007.

   ISBN 978-85-7480-366-1

   1. Mallarmé, Stephane, 1842-1898 – Crítica
e interpretação 2. Poesia francesa – História
e crítica 3. Poetas franceses – Crítica e
interpretação I. Título.

07-5840   CDD-841.09

Índices para catálogo sistemático:
1. Poesia: Literatura francesa: História e
   crítica   841.09
2. Poetas franceses: Apreciação e crítica
   841.09

Direitos reservados à
ATELIÊ EDITORIAL
Estrada da Aldeia de Carapicuíba, 897
06709-300 – Granja Viana – Cotia – SP
Telefax: (11) 4612-9666
www.atelie.com.br / atelieeditorial@terra.com.br
2007

Printed in Brazil
Foi feito depósito legal

À Eveline Borges

Um livro não começa nem termina: no máximo, ele simula.

MALLARMÉ, anotação para *O Livro*, f. 181.

É um soco, com que a vista, um instante, se deslumbra,vossa injunção brusca –
"Defina a poesia"
Eu balbucio, mortificado:
"A Poesia é a expressão, pela linguagem humana trazida de volta a seu ritmo essencial, do sentido misterioso dos aspectos da existência: ela dota assim de autenticidade nossa morada e constitui a única tarefa espiritual".

MALLARMÉ, carta a Léo d'Orfer,
27 de junho de 1884.

A Destruição foi a minha Beatriz.

MALLARMÉ, carta a Cazalis,
17 de maio de 1876.

Sumário

A Paixão da Ausência – *Pedro Meira Monteiro* 13

1. A CINERÁRIA ÂNFORA 27

   Exorcismos 28

   A Grande Obra 32

   Quanto ao Livro... 33

2. NO OBLÍVIO DA MOLDURA 67

   Auto-retratos, Fotos de Estúdio e Instantâneos 67

3. O SONHO QUEIMADO PELA FÊNIX 77

   Na Encruzilhada dos Ventos 77

   O Relógio de Porcelana da Saxônia 84

   O Demônio da Analogia 87

   A Virgem Glacial e o Ardente Fauno 93

   Étienne/Stéphane 100

   O Grande Pássaro Negro 101

   A Constelação 103

   A Destruição foi minha Beatriz 105

   O Cisne 107

   É Fácil Descer aos Infernos 109

OS ANOS DE EXÍLIO DO JOVEM MALLARMÉ

Epílogo em Avignon 112

4. AS CINTILAÇÕES DO SÉPTUOR 115

I still think I can't take it 115

La Nuit approbatrice 119

Conca alguna 121

Ses purs ongles... 125

MALLARMÉ EM VERSO E PROSA 131

TREZE POEMAS

Les Fleurs/As Flores 136

Las de l'amer repos.../Cansado do repouso amargo.... 140

Tristesse d'été/Tristeza de Verão 144

Brise Marine/Brisa Marinha 146

La chevelure vol.../A cabeleira vôo............... 148

Sainte/Santa 150

Prose/Prosa 152

Autre Éventail de Mademoiselle Mallarmé/Outro
Leque de Mademoiselle Mallarmé.............. 158

Feuillet d'album/Folha de Álbum 160

Victorieusement fui.../Vitoriosamente eludido... 162

Toute l'âme résumée.../Toda a alma resumida... 164

M'introduire dans ton histoire.../Introduzir-me
em tua história................................ 166

Mes bouquins renfermés.../Meus velhos
livros fechados... 168

Sobre o Autor 171

A Paixão da Ausência

◆

Pedro Meira Monteiro

> *Disons seulement: saurait-on son nom aujourd'hui s'il n'avait pas écrit ses* Poésies? *Pas plus, je pense, que nous ne connaîtrions Baudelaire s'il n'avait fait que sonder "le fond de l'inconnu" sans écrire* Les Fleurs du Mal, *ni Vasco s'il n'avait pas touché l'Inde.*
>
> PAUL BÉNICHOU, *Selon Mallarmé*, 1995.

Que a literatura tenha por fim acercar-nos de um objeto ausente é um paradoxo de que bem se poderia partir, na jornada a que nos convida Joaquim Brasil Fontes, neste seu *Os Anos de Exílio do Jovem Mallarmé*.

Todo o jogo da referência, no caminho da composição literária, pode recair sobre a concomitância da *ausência* e da *presença*. Até aí, pensará o leitor judicioso, nada de novo se apresenta. Afinal, a partida da escrita está justamente na instância por tornar presente aquilo que eu não tenho em mãos. Mas o que nos joga na ambiência literária moderna, que é a de Mallarmé, será o rapto desse objeto inacessível, ou a impossibilidade mesma de vislumbrá-lo. Em outros termos, estaremos porventura diante daquela *falta que vem a faltar* que, no campo psicanalítico, conforma a Angústia[1]. Isto é, o próprio objeto que

---

1. O espaço da ausência ou da falta – sem o qual o sujeito não poderia desejar – não é, em si mesmo, o espaço da angústia. Ele se torna fonte da angústia ape-

OS ANOS DE EXÍLIO DO JOVEM MALLARMÉ

falta, falta como referente, jogando-nos na garganta profunda em que as palavras, significantes, simplesmente deslizam.

A paixão de Joaquim Brasil Fontes pelo vazio do universo fragmentário não é nova, nem é este o primeiro livro em que ele enfrenta, com notável senso poético e crítico, a difícil tarefa da composição dos fragmentos. Claro fique que não se trata de contrapor, ao caos dos estilhaços, uma ordem que erija, sobre o vazio deixado pela de-composição, a sua Mensagem unificadora. Ao contrário, como em obras anteriores[2], o autor deste livro flerta com a ausência de um plano firme e se entrega (quer dizer, entrega-nos, a nós leitores) a um exercício que pouco tem a ver com as "hermenêuticas" que pretendem, não sem soberba, romper a criptografia da escrita mallarmeana.

Logo de início, Joaquim Brasil sente-nos (a nós leitores, sempre) tentados a emprestar a Mallarmé o epíteto "obscuro" – e aí mal se esconde a desconfiança do crítico em relação ao esforço interpretativo que, há mais de um século, vem se chocando com as palavras do poeta francês, timbrando por tornar familiar (compreensível) aquilo que, entretanto, parece bem aninhar-se apenas no canto escuro em que descansam as coisas antes que se lhes pergunte o que são. O fato é que a poesia de Mallarmé, sugere este livro, tem mesmo o poder de fazer perder-se Hermes, não porque a Mensagem seja demasiado pesa-

---

nas quando é invadido pelo estranho, quando não há mais uma falta familiar. Lacan, no Seminário X, trabalha justamente a partir da noção de *casa* (que se encerra no *unheimlich* freudiano, o estranho-familiar), e o faz pensando na imagem especular e no que pode restar de real dela. Jacques Lacan, *Le Séminaire, Livre X (L'Angoisse, 1962-1963)*, Paris, Éditions du Seuil, 2004, pp. 39-54. No correr deste livro de Joaquim Brasil Fontes, o leitor verá que a angústia mallarmeana se dá não apenas no exílio, que em certo sentido é o espaço do estranho, mas também, de forma especialmente aguda, a angústia desponta diante de um lindo espelho de Veneza, em que o poeta se olha para evitar voltar "ao Nada".

2. Remeto o leitor, especialmente, a dois livros de Joaquim Brasil Fontes: *Eros, Tecelão de Mitos* (2ª edição, Iluminuras, 2003) e *O Livro dos Simulacros* (Clavicórdio, 2000).

A PAIXÃO DA AUSÊNCIA

da para seu portador de direito, mas exatamente porque é demasiado leve, volátil.

Antes de comentar o livro, ou o Livro que nele nunca se inscreve, vale a pena pensar, ainda que por um breve instante, no sentido do *exílio* que dá título à paixão de Mallarmé, trazida à página por Joaquim Brasil Fontes. Para além do jogo com a idéia de um *Bildungsroman* (a estranha mistura, no título, de *Os Sofrimentos do Jovem Werther* e *Os Anos de Aprendizagem de Wilhelm Meister*), há algo de ausência na própria condição do exilado. Mallarmé, na Tournon provinciana que cada um de nós saberá identificar a uma determinada cidadezinha em sua carta sentimental, retira-se, desespera-se, vê-se diante do absurdo da vida de um pobre mestre-escola, jovem professor de inglês afastado de tudo. Mas, já pensando naquela condição da literatura, que fala de um objeto ausente, e num sentido mais profundo e amplo para o exílio, há que perguntar o que significa, na poética em questão, a imagem das cinzas, da Fênix, da Destruição, todas as cintilações enfim. O que brilha, na poesia? Reflexo de quê? O que se busca? O que se perdeu? Longe de que estamos? Fora de quê? São perguntas talvez tolas, diante da poesia de Mallarmé. Mas todas referem a *ausência*, cujo poder, paradoxalmente, depende da presença da poesia, que, como num círculo demoníaco, justamente se dá no território da ausência total que é o exílio. Aí surge Mallarmé, no desterro amargurante em que o Sentido ameaça desfazer-se, perder-se. Aí, justamente, ele balbucia, mortificado, o ritmo essencial de uma morada que não é a sua.

Sendo todo convite, em sua essência, uma forma de provocação, não creio enganar-me ao afirmar que este livro parte de um convite. Evocando a imagem clássica do labirinto, Joaquim Brasil Fontes nos oferece aquilo que comporá o núcleo de sua leitura: enfrentar os (des)caminhos que fazem, da poesia de Mallarmé, uma construção especiosa que põe a perder o leitor. Eis o convite formulado: perder-se, atento, no labirinto das palavras.

Se a sutura entre o sentido e a palavra rompeu-se, não há simplesmente que querer reatá-los. Mas tampouco vale a pena, sugere este livro, dar-nos por satisfeitos com a *obscuridade* mallarmeana. Como nota Joaquim, a obscuridade é um *topos*, ou talvez mais uma das camadas de leitura que se sobrepõem ao "texto *Stéphane Mallarmé*", que nunca encontraremos fora de uma tela que lhe deu o tempo, isto é, o momento do simbolismo finissecular e também o que aprendemos a pensar dele. Moldura inequivocamente francesa, embora a poesia anglo-saxã nunca desapareça do horizonte do professor de inglês, admirador e tradutor de Poe.

A metáfora porventura mais poderosa a percorrer o livro de Joaquim Brasil Fontes é o desejo confesso de Mallarmé de compor um livro, o Livro que contemplaria o "mistério órfico da terra". Um livro impossível, fadado ao inacabamento. Assim, torna-se sugestiva, ou mais propriamente sintomática, a angústia do editor contemporâneo da Pléiade, que Joaquim nos faz imaginar diante dos "livros inacabados, embrionários", deixados pelo poeta, portando entretanto a missão de compor, exatamente, a Obra Completa de Mallarmé.

A angústia se desenha já no início do caminho, quando, acompanhando a correspondência do poeta de vinte e poucos anos, podemos senti-lo desesperado diante da publicação de seus primeiros versos, "com mil cuidados maníacos em relação aos brancos da página, à respiração do texto, nada querendo entregar aos acasos da tipografia": aprendemos, então, a perceber a arquitetura que se arma contra o vazio, a frase poética que se firma, aérea e carnal, na obsessão do jovem pelo espaço que a sua poesia ocuparia.

Depois seguimos, meio aos saltinhos, entre os projetos quase nunca concluídos de um Mallarmé que, desde a província até Paris, vê-se obsidiado pela idéia da publicação, pelo jogo material da composição do livro. E o fracasso é ainda o fado, ou talvez o segredo, da empresa poética mallarmeana. O leitor deste livro se deliciará, por exemplo, com o relato do fracasso da edição, em 1875, d'*O Corvo*, traduzido ao francês por Mallarmé e ilustrado por Édouard Manet. Ou ainda com a passagem do *À Rebours*, de Huysmans, quando Des Esseintes manipula sensualmente uma edição de *L'Après-midi d'un Faune*, ou quando vemos atualizarem-se, em suas mãos, os primeiros versos de Mallarmé. Claro, a idéia de um exemplar único, da edição limitada e preciosa, é já uma reação profunda à euforia burguesa do mercado em que tudo se reproduz.

Os exemplos poderiam estender-se, embora aqui me interesse apenas notar, com o leitor, o aspecto fragmentário do livro de Joaquim Brasil Fontes. São pequenos golfos de informação e reflexão (nunca demasiado distantes do devaneio poético que lhes deu origem) o que se vê, vertidos nas páginas deste livro. A própria idéia de uma organização em capítulos perde seu sentido, diante de um conjunto tecido no ritmo de notas como que bordadas ao acaso, dissimulando, ao fim, anos de pesquisa, de escuta, de ensaio com as palavras e os temas.

Mas que é o Livro, finalmente? Mallarmé, conforme nos faz imaginar Joaquim Brasil Fontes, recebe, em 1898, a visita da morte, que apenas "lhe concede alguns minutos para rabiscar um bilhete" em que ele, tomado de um "espasmo terrível de sufocação", ordena à esposa e à filha que queimem seus manuscritos ("nem uma só folha tem utilidade"). Porém, numa espécie de obsessão ou ricto *ante mortem*, dirige-se aos editores (um espectro?) e desenha o que deveria ser a descrição de um livro contendo poesias já publicadas e uns poucos inéditos (que os que lhe sobrevivessem encontrariam terminados, "se a sorte quiser", escreve o moribundo Mallarmé). A alegoria é clara: morto o autor, resta o testemunho da impossibilidade do Livro. E no entanto, o mesmo Livro desejado testemunha apenas "o movimento das indagações" e a "desordem das notas" que, fossem concluídas num livro, se imobilizariam para sempre, abolidos, como lembra Joaquim Brasil Fontes, o Acaso e o Sonho.

Jogando (permita-me o leitor) com a idéia do azar e do lance de dados (que, na potência da última poesia mallarmeana, jamais chegaria a abolir o acaso), Gilles Deleuze, em suas reflexões sobre Nietzsche, não esconde seu profundo incômodo diante do poeta francês. Mallarmé operaria uma oposição absoluta entre o azar e a necessidade: os dados que se jogam, jogam-se *contra* o acaso, embora saibamos que o mesmo acaso se sustém, pois nem o lance de dados foi capaz de vencê-lo. Acima do acaso, ou do mundo da vida, descansaria um outro reino, o da *necessidade* que, marcando a superioridade da arte, exaltando o inteligível, seria, no universo poético de Mallarmé, "comme le caractère de l'idée pure ou de l'essence éternelle"[3].

Sabemos com quem briga Deleuze: a metafísica. Sabemos que em geral a batalha é justa, e que seus frutos podem ser interessantes. Mas é curioso que o filósofo francês encontre em Mallarmé o opositor de Nietzsche. Mallarmé seria, na perspectiva de Deleuze, o verdadeiro niilista, porque do "outro mundo" é que emana a raça de Igitur, porque Herodíade seria essa criatura fria do ressentimento e da má consciência, o espírito que nega a vida. E assim, seguindo Deleuze, sabemos que a obra de arte em Mallarmé é justa, mas de uma justiça "accusatoire qui nie la vie, qui en suppose l'échec et l'impuissance". No lugar dos mistérios de Dioniso, aparece a missa como modelo de um teatro sonhado...

Deleuze necessita de um *sparring partner* para Nietzsche; alguém que, como ele, tenha lançado os dados, mas que todavia creia na superioridade da arte contra a vida. Mallarmé estaria todo enredado à armadilha da metafísica, concebendo a necessidade como *abolição* do azar. De um lado a vida, de outro a arte (a beleza inalcançável e fixa). Ou, voltando ao livro que nos interessa: de um lado o livro, de outro o Livro. Num lance

---

3. Gilles Deleuze, *Nietzsche et la philosophie*, Paris, Presses Universitaires de France, 1977 [1962], p. 38.

decisivo, Deleuze afirma que "la multiplicité des sens et des interprétations est explicitement affirmée par Mallarmé; mais elle est le corrélatif d'une autre affirmation, celle de l'unité du livre ou du text 'incorruptible comme la loi'. Le livre est le cycle et la loi présente dans le devenir"[4].

Por que a oposição pura e simples, programaticamente clara, entre o acaso da vida e a necessidade da arte em Mallarmé? Por que o livro mallarmeano, ou o Livro, se identificaria tão-somente à Lei que destrói as possibilidades infinitas do devir? Por que enredar todo Mallarmé ao discurso metafísico? Por que acreditar que o Livro guarda em si o além, ou se guarda apenas no que está além do mundo, postando-se contra a vida e seus azares?

Claro está que Mallarmé escreve em seu tempo, e que um poema como "Azur", composto em Tournon e belissimamente traduzido ao português por Joaquim Brasil Fontes, arma-se todo sobre os motivos que lhe dava o seu ambiente literário, exaltando, baudelairianamente, a ânsia pelo encontro da Beleza. Mas parece demasiado imaginar que, desde aí, mesmo na obra que segue, o poeta não faria senão apartar-nos do mundo, convidando-nos a odiá-lo ou negá-lo, por amor à arte.

Talvez o *exílio*, como metáfora e matriz de leitura, seja mais eficaz, quiçá até menos injusto para adentrar o mundo de Mallarmé. Afinal, a composição do livro – o "movimento das indagações" e a "desordem das notas" – pode ser, precisamente, a abertura sutil para o território da ausência, este espaço, enfim, que cerca e angustia o poeta. Não há aí, necessariamente, ou unicamente, uma janela para um além-do-mundo, ou um delírio metafísico que nos tornaria reféns da imagem límpida do que aqui não se encontra. A *constelação* – o lugar que está além, por excelência – é mais uma palavra pingada no papel.

Se algo está *além*, para o poeta, é o que falta, o que o cerca como ausência absoluta. A ausência é, ao fim, o território das

4. *Idem, ibidem.*

20 OS ANOS DE EXÍLIO DO JOVEM MALLARMÉ

palavras, o espaço sagrado em que a palavra poética avança, deslumbrada e precisa. É o país da literatura, não da filosofia.

Há umas tantas pistas para a leitura deste *Os Anos de Exílio do Jovem Mallarmé* que têm a ver, ainda, com o aspecto fragmentário da escrita. Atento ao que significaram a fotografia e a febre do *instantâneo* naquela segunda metade do século, Joaquim Brasil Fontes não apenas nos expõe à luminosidade dos retratos traçados por outros e pelo próprio Mallarmé ("No Oblívio da Moldura"), como também, ao seguir flertando com os versos de "Ses purs ongles..." ("O Sonho Queimado pela Fênix"), propõe uma série de instantâneos, os quais, como na "fotografia de Mallarmé e Renoir, por Degas, diante de um espelho de cristal, no apartamento da rue de Rome", comentada por Valerie Moylan, conformam uma caixa de truques.

As notas não formam "capítulos", como já sugerido, e terminam por sublinhar mais o caráter artificial do que a naturalidade do processo crítico. Talvez pudéssemos dizer que, como no balé (em que a indumentária é parte integrante do papel, alerta Moylan), haverá qualquer coisa de "feminino" na performance dessas notas críticas. Uma "atmosfera cênica", o reflexo dos espelhos (as notas refletem-se umas às outras), tudo a esconder a afetação: um pouco como se estivéssemos diante de um crítico que brinca com "a última moda", com o mundo evanescente e artificial que é o da crítica. Em seu periódico para senhoras, publicado em 1874, Mallarmé (já de volta a Paris e sob o pseudônimo de Marasquin) fala deliciosamente dos vestidos de salão e, para nós (e para Joaquim), fala também da crítica, ao referir o vestido que, ao contrário da vaporosa indumentária dos bailes, modela a pessoa, numa "oposição deliciosa e cheia de engenho entre o vago e o que se deve sublinhar".

Eu poderia seguir destacando o quanto o autor deste livro se embebe na observação e na descrição minuciosa, na atenção aos menores detalhes, ou mesmo na crença no sortilégio da pa-

A PAIXÃO DA AUSÊNCIA

lavra poética. O trabalho paciente (por vezes simuladamente distraído) das anotações, as informações, o tecido precioso das explicações, os lampejos poéticos que iluminam as fontes ocultas de Mallarmé, a história por trás do objeto sem viço que é uma carta ou uma anotação qualquer, a que não prestaríamos atenção se não tivéssemos o tempo – o tempo e a vontade – para acercar-nos amorosamente do poeta e de sua vida: eis aí o que se encontra, lendo este livro.

Aí está o desejo da aproximação, o desvelo de quem sofre da paixão por acercar-se, e que conosco (nós, leitores) pode ver Mallarmé diante do espelho, na "encruzilhada de todos os ventos" que é a maldita Tournon (num vazio desesperante que se prolongaria em Besançon, a partir de 1866, e não terminaria tampouco em Avignon), a sondar-se e desnudar-se no seu "sonho esparso". É impressionante o misto de prosaísmo (os detalhes "deliciosos", mas por vezes simplesmente frívolos, do cotidiano familiar) e de arrebatamento poético (a composição torturada da *Herodíade*, por exemplo) a conformar a experiência de um poeta que, de repente (um "de-repente" que se dá todo no exílio da província, aprendemos com Joaquim), "demarca-se de seu tempo e da estética arqueológica dos parnasianos, de Hugo e do próprio Flaubert".

No palco literário do século, sai de cena a *história* geradora perpétua de maravilhas, para deixar que entre, enfim, o *verbo*, que será a fábula e a matéria primeira do escritor moderno.

Um dos muitos tesouros que traz este *Os Anos de Exílio do Jovem Mallarmé* é sem dúvida o conjunto de traduções propostas, tanto aquelas arroladas ao fim ("Mallarmé em Verso e Prosa"), quanto as que preenchem a paixão do exílio, revelando ao leitor desde o jovem Mallarmé, encantado por Hugo e Musset, até o autor mais velho, passando sempre pelo "Mallarmé parnaso-simbolista da primeira fase". Mas não é em Joaquim Brasil Fontes, significativamente, que encontraremos a clareza das classificações. E aqui pode residir, suponho, um interessante ponto de inflexão na crítica sobre Mallarmé em língua portuguesa. Afinal, sabe-se que a classificação acima e o juízo de que "o penúltimo e o último Mallarmé" seriam os "fundamentais para o leitor atual" provêm de Mário Faustino, na década de 1950, não à toa celebrado por Augusto de Campos em crítica posterior[5].

De certa forma, pode-se dizer que Joaquim Brasil Fontes mantém uma delicada e firme tensão com a leitura para nós ("nós", leitores brasileiros) fundadora que é a do concretismo. Não chega a explicitar-se, mas podemos inferir que o caráter eminentemente *construtivo*, ou mais propriamente *construído*, que os concretos emprestam a Mallarmé e nele enxergam, é o que levará o autor deste livro a sugerir, no plano biográfico como no plano poético, um Mallarmé menos adstrito à forma final do poema, talvez até, eu arriscaria dizer, menos cerebrino na consecução poética. Um Mallarmé imerso – ora plenamente angustiado, ora enlevado pelo próprio fazer – no tempo mesmo da composição. Um poeta para quem, todos o sabemos, a precisão da forma é um nunca-acabar.

Não se trata de reclamar alguma absoluta novidade na aventura de traduzir Mallarmé. Entretanto, vale a pena recordar que o generoso solo da transcriação – a opção poética concreta pela transformação do texto – fixará os poemas num plano em que, para dizê-lo simplificadamente, os vocábulos escolhidos são os suportes primordiais, daí nascendo uma leitura (sendo a tradução, sempre e antes de tudo, uma leitura) menos rente ao original e mais comprometida com os jogos de sentido e som que a língua portuguesa faz possíveis. Sabe-se que o resultado pretendido é a expansão e a redescoberta do território da língua.

---

5. Cf. Augusto de Campos, "Mallarmargem", em Augusto de Campos, Décio Pignatari, Haroldo de Campos, *Mallarmé*, 3. ed., São Paulo, Perspectiva, 2002, p. 26.

A PAIXÃO DA AUSÊNCIA 23

Para além da opção pela manutenção das rimas e da métrica, seria interessante pensar no gosto simbolista que se sabe nas imagens e vocábulos escolhidos por Augusto de Campos na tradução de um poema como "Brise marine" , por exemplo[6]. Há ali como que uma capa a devolver o poema a um solo formal mediado pela experiência simbolista em língua portuguesa. O procedimento de Joaquim Brasil Fontes é um pouco outro. Podemos supor que, ao alegar o prosaísmo de sua versão, ele busque um contato porventura mais direto com a língua francesa, resignando-se a uma estreiteza que teríamos de enfrentar, sempre que se trata de recriar, em português, a sonoridade e um ritmo como os de Mallarmé, nos quais se condensa e cristaliza uma experiência literária imensamente mais rica e longa que a brasileira.

Ainda pensando nas nuances e nas diferenças, suspeito que, ao trabalhar um poema como "Brise marine", Joaquim Brasil termina por recuperar o Tédio, de matriz tão claramente baudelairiana, através da sutil atualização de uma antiga consciência sobre a pequenez do humano – o que bem poderia remeter-nos aos clássicos, ou ao menos a certa permanência (ou insistência) da poesia clássica em um autor como Mallarmé e em um tradutor como Joaquim Brasil Fontes. (O leitor deste livro se verá por um momento, a propósito, diante de uma linda reflexão sobre os túmulos literários, para aprender que há neles, sempre, "ressonâncias do epigrama grego".)

Lembro por fim os versos queixosos daquele poema, que Mallarmé escreve em 1865, quando nada, absolutamente nada, parece capaz de reter o coração que se embebe no mar, "ni la clarté déserte de ma lampe / Sur le vide papier que la blancheur défend". Para bem embarcar na viagem que propõe este livro, é preciso pressentir justamente, ou sentir profundamente, a angústia que não chega a paralisar completamente a escrita, mas que torna o branco do papel uma ausência mais incômoda que fecunda. Eis aí o universo defeso que o poeta insistirá em pene-

6. *Mallarmé, op. cit.*, p. 45.

24 OS ANOS DE EXÍLIO DO JOVEM MALLARMÉ

trar, mesmo sabendo vã toda a composição final: "claridade deserta da lâmpada / Sobre o vazio papel que a brancura defende"[7].

Na última parte de seu livro (ou penúltima, se considerarmos "Mallarmé em Verso e Prosa"), titulada "As Cintilações do Séptuor", Joaquim Brasil Fontes ilumina, através de traduções, a experiência da leitura, sua e de outros. E talvez o leitor deste prefácio já se sinta, neste momento, ansioso por percorrer um livro cuja armação está toda, justamente, naquele que é um "enigma poético": o "soneto em yx", "Ses purs ongles...".

Pois exatamente tal soneto constitui o elemento que obseda tradutores como C. F. MacIntyre, que o verteu ao inglês, ou Octavio Paz, que o traduziu (recriando-o completamente) ao espanhol, assim como o próprio Joaquim Brasil Fontes, que vai expô-lo a partir de "um dos temas maiores" da poética mallarmeana, como é a "impotência" (as aspas também aqui são sinal de suspeita) do poeta. Interessante que o soneto em questão, que o leitor lerá e relerá em seguida, pode indicar a porta de acesso à compreensão (ponho aspas?) da *angústia* em Mallarmé, com suas inflexões em relação à angústia baudelairiana. Nele encontraremos – ainda e sempre – o lugar privilegiado da escrita noturna e da desesperante impossibilidade de reter as palavras que, ao fim, serão este não-escrito que as cinzas figuram, abrindo o único espaço que a cena encerra: o vazio, a ausência.

Daí entretanto, ou aí mesmo, cintila a poesia de Mallarmé: na evocação "da miragem interna das próprias palavras", como dirá em carta a Cazalis, escrita em Avignon em 1868, e que conteria o soneto em sua primeira versão, com o título "Sonnet allégorique de lui-même". Seguirá provocando, contudo, ao lon-

---

7. "Le papier que sa blancheur *défend*: image d'un siège et d'une lutte où le papier blanc est l'ennemi; vers fameux, emblème de l'impuissance poétique, devenue au temps de Mallarmé un thème central de poésie". Paul Bénichou, *Selon Mallarmé*, Paris, Gallimard, 1995, p. 119.

go do poema em transformação (e do livro que o leitor tem em mãos), a questão do *sentido*. Ao fim, descobriremos que o enigma é a resposta fria reservada a todos os que buscam o sentido. O convite que virá deste livro é então outro, porque Joaquim Brasil Fontes sabe, como Hugo Friedrich, que a linguagem poética "se detém no limite extremo", não para instaurar o mundo, mas para extinguir-se com ele. Por fim, nada restará senão rastros, ou palavras a apontar a ausência que a poesia experimenta mas não pode assumir, fixando-se no lugar-limite que é o seu.

Princeton, NJ, primavera de 2006

I

A Cinerária Ânfora

Ses purs ongles très haut dédiant leur onyx,
L'Angoisse ce minuit, soutient, lampadophore,
Maint rêve vespéral brûlé par le Phénix
Que ne recueille pas de cinéraire amphore

Sur les crédences, au salon vide: nul ptyx,
Aboli bibelot d'inanité sonore,
(Car le Maître est allé puiser des pleurs au Styx
Avec ce seul objet dont le Néant s'honore.)

Mais proche la croisée au nord vacante, un or
Agonise selon peut-être le décor
Des licornes ruant du feu contre une nixe,

Elle, défunte nue en le miroir, encor
Que, dans l'oubli fermé par le cadre, se fixe
De scintillations sitôt le septuor.

De unhas puras no alto dedicando o seu ônix,
A Angústia esta meia-noite sustém, lampadófora,
Muito sonho vesperal queimado pela Fênix
Que não recolhe alguma cinerária ânfora

Nas credências da sala vazia: nenhum ptyx,
Abolido bibelô de inanidade sonora,
(Pois o Mestre foi sorver lágrimas no Styx
Com este único objeto de que o nada se honora.)

Mas junto à vidraça ao norte vacante, um ouro
Agoniza segundo talvez o adorno
De licornes coiceando fogo contra uma nixe,

Ela, defunta nuvem no espelho, embora
Que, no oblívio fechado da moldura, se fixe
De cintilações no mesmo instante o séptuor.

EXORCISMOS

O chamado "soneto em yx" surge para nós, há mais de um
século, como uma espécie de enigma poético, à maneira daque-
les oráculos que jorravam da boca dos deuses antigos; e contra
esse infrangível núcleo de sentido têm vindo se chocar obstina-
das hermenêuticas, nos extremos: de sua tradução para uma
"linguagem comum" ou da inscrição do poema em redes meta-
fóricas de significados imaginários, como se o destino de sua
leitura fosse a produção de inevitáveis, exasperantes oxímoros
críticos, simbolizados por uma palavra que parece despontar
aqui apenas para abolir-se antes mesmo de ser decifrada como
peça de decoração ou bibelô: *ptyx* – e é assim com certa razão
talvez que o leitor se vê tentado a atribuir a Stéphane Mallarmé,
à maneira de um exorcismo ou comentário rabiscado a lápis na
margem das quatro estrofes, o epíteto *Obscuro*, com que os an-
tigos nomeavam o mais hermético dos seus filósofos, Heráclito
de Éfeso.

Façamos, entretanto, uma nova leitura do soneto, desta vez
na tradução poética de Augusto de Campos:

Puras unhas no alto dedicando seus ônix,
A Angústia, sol nadir, sustém, lampadifária,
Tais sonhos vesperais queimados pela Fênix
Que não recolhe, ao fim de ânfora funerária

Sobre as aras, no salão vazio: nenhum ptyx,
Falido bibelô de inanição sonora

(Que o Mestre foi haurir outros prantos no Styx
Com esse único ser de que o Nada se honora.)

Mas junto à gelosia, ao norte vaga, um ouro
Agoniza talvez segundo o adorno, faísca
De licornes, coices de fogo ante o tesouro,

Ela defunta nua num espelho embora,
Que no olvido cabal do retângulo fixa
De outras cintilações o séptuor sem demora[1].

Dizer o que se tem a dizer juntando coisas impossíveis, o que, naturalmente não se consegue conjugando vocábulos em sua acepção ordinária: Aristóteles define assim o enigma, na pauta de uma concepção de metáfora como desvio de sentidos habituais[2], evocando imediatamente para nós o conceito de labirinto, talvez a mais singular das construções humanas, erguida, como observa Borges, para a perdição de quem nele penetra à procura do habitante de seu exato centro, o Monstro, Áster, o Sentido.

Ora, multiplicaram-se em torno de Mallarmé, nos mais de cem anos que nos separam de sua morte, ocorrida em 1898, complicadas exegeses, tramas hermenêuticas, comentários; todo um labirinto verbal vindo cercar a própria obra com desvios, com galerias e portas abrindo-se umas para as outras, à maneira desses corredores sombrios em que às vezes erramos aflitamente nos sonhos, à procura, creio eu, do mais secreto sentido de nossas próprias vidas, enquanto esse, como ensina a psicanálise, se desloca e se condensa, volatilizando-se em metáforas e metonímias – indefinidamente.

Com seus manifestos e revistas tão tipicamente franceses – *La Revue Wagnérienne, La Vogue, La Revue Indépendante, La*

---

1. Trad. de Augusto de Campos, em Augusto de Campos, Décio Pignatari, Haroldo de Campos, *Mallarmé*, São Paulo, Perspectiva, 1980, p. 65.
2. *Poética*, 145a, 26-30, mas também *Retórica* 140a, 3-5, 141, 19-26.

30   OS ANOS DE EXÍLIO DO JOVEM MALLARMÉ

Décadence –, o movimento simbolista eclode em Paris, entre 1885 e 1895: décadas portanto depois de escrita, na solidão provinciana de Tournon, Besançon e Avignon, uma parte importante da obra de Mallarmé: "Ses purs ongles..." e a série de poemas que inclui *L'Azur* ["O Azul"], o *Après-midi d'un faune* [*A Tarde de um Fauno*], *Hérodiade* [*Herodíade*], além da prosa de *Igitur*. Nascido em 1842, Mallarmé é com efeito contemporâneo de Lautréamont e Swinburne, de George Moore, dos parnasianos, de Villiers de l'Isle-Adam, do pintor Édouard Manet – que ilustrará duas maravilhosas *plaquettes* mallarmeanas, *O Corvo* e o *Fauno* – e de Paul Verlaine, a quem o poeta, numa entrevista concedida a Jules Huret em 1891, atribui a honra de ser o chefe da escola simbolista:

[...] o pai, o verdadeiro pai de todos os jovens, é Verlaine, o magnífico Verlaine, cuja atitude de homem me parece tão bela quanto a do escritor, pois é a única, numa época em que o poeta é um fora-da-lei: fazer aceitar todas as dores com tal altivez e uma tão soberba ousadia[3].

E no entanto o simbolismo é o primeiro espaço interpretativo, a primeira galeria de textos que o leitor se vê forçado a atravessar antes de chegar à obra de Mallarmé, quando já acredita estar nela e no centro de um constelação de temas aparentemente simbólicos à maneira do simbolismo finissecular: o Azul, a Cabeleira, o Cisne, o Livro Fechado... o Ptyx. E se insistirmos em colocar entre parênteses os belos ensaios de Thibaudet, e o trabalho, sob tantos aspectos importante, de biógrafos como Henri Mondor, há o indispensável Valéry e aquele Charles Mauron que inaugura toda uma corrente de leitura psicanalítica dos escritos mallarmeanos, na qual se inscreve o interessante trabalho de Octave Mannoni. E se não se lê mais com ingênuo respeito o texto em que Jean-Paul Sartre recolhe o poeta de "Ses

---

3. Resposta a Jules Huret, em Stéphane Mallarmé, *Œuvres Complètes*, Paris, Gallimard, 1945. [Edição doravante designada pela sigla *O.C.*]

purs ongles..." no espaço hipercodificado de uma ontologia do Nada, é impossível deixar de lado, hoje, toda uma corrente de leitores anglo-saxões do poeta francês: R. G. Cohn, G. Davies, A. Gill, L. J. Austin, e, mais recentemente, o grupo de pesquisadores reunidos por M. Temple em *Meetings with Mallarmé*. Talvez já estejamos preparados para colocar de lado o Mallarmé reinventado pela semiótica francesa, nos anos sessenta – mas ganharíamos algo, ou não, ao liberar Stéphane Mallarmé daquilo que Henri Meschonnic, nomeando Derrida, isto é, o pós-estruturalismo, acusa de ser uma leitura filosófica fechada na exclusiva questão do sentido e do descontínuo, completamente surda, portanto, ao contínuo da linguagem, ao ritmo, à prosódia?[4]

Omiti, neste elenco de leitores, injusto em suas escolhas como o são todas as listas, três nomes: Blanchot, Poulet, Richard – não apenas para destacá-los num parágrafo à parte, ou porque não voltarei a eles mais tarde ao longo destas notas feitas a lápis às margens de um *Mallarmé*, mas para copiar aqui, sublinhando-a, uma observação, exata em sua economia, com que o terceiro desses grandes intérpretes abre o seu estudo sobre o autor de "Ses purs ongles...":

Diante de uma obra como a de Mallarmé, a inteligência hesita. Muitos caminhos a solicitam: fascinada pela audácia do projeto poético e metafísico que nela se desenvolve, pode também se apegar à letra, deslumbrante e fugidia, do poema. Eis o leitor dividido entre duas vias possíveis, a da especulação e a da expressão que sustenta – mas como? – um vertiginoso edifício de pensamentos. Ora ele se abandona então à ascendência física da linguagem, sem conseguir fixar em si seu efeito mental; ora acredita poder reduzir o encanto do poema à literalidade de uma tradução; ora se eleva às "alturas lúcidas" do que Mallarmé chama de idéia, beleza, noção. Ao mesmo tempo toda carnal e supremamente

---

4. Henri Meschonnic, "Libérez Mallarmé", *Magazine littéraire – Mallarmé*, n. 368, septembre 1998, p. 65.

32 OS ANOS DE EXÍLIO DO JOVEM MALLARMÉ

abstrata, esta obra aflige, pois, o espírito. Qualquer que seja a face pela qual seja abordada, ela parece querer nos ocultar seu sentido: fuga ligada sem dúvida à nossa escolha de uma face particular. Em resumo, entre Mallarmé feiticeiro da expressão e Mallarmé metafísico do "absoluto", parece ter-se criado, hoje, uma distância, um hiato, que o esforço imediato da leitura não consegue restabelecer muito bem[5].

A Grande Obra

Tratando-se, com efeito, desse autor que chega até nós no fluxo de uma cultura que nos atravessa e atravessamos, eu me pergunto se nossa primeira abordagem do texto *Stéphane Mallarmé* já não será sempre, por definição, *impura*, elaborando-se numa trama de pequenos saberes e leituras clássicas, de *topoi* como o da "obscuridade", indissociáveis da própria obra e que não podem, portanto, ser colocados entre parênteses (à maneira de uma *epokhé* husserliana), sob risco de aniquilar o objeto de estudo, ele próprio. Da mesma forma, aquele sonho de entrega jubilosa a um ritmo e a uma prosódia tão peculiares quanto os de Mallarmé é talvez impensável fora dos quadros históricos em que um e outra se tornaram possíveis, no momento em que o futuro autor de "Ses purs ongles...", contemporâneo da experiência parnasiana, tão tipicamente parisiense, enfrenta, entre Charles Baudelaire e Edgar Allan Poe, os limites poéticos de toda linguagem e esboça, na solidão da província francesa, o projeto de uma obra total jamais realizada – a Grande Obra que resumiria "o mistério órfico da terra" e se consubstanciaria, em suma, num livro, o Livro.

Grande Obra (as conotações alquímicas não são aqui de todo indiferentes) destinada entretanto ao fracasso, como o próprio poeta o constata numa famosa carta endereçada a Verlaine, conhecida como "Autobiografia", e datada de 16 de novembro de 1885:

---

5. J.-P. Richard, *L'Univers Imaginaire de Mallarmé*, Paris, Seuil, 1961, p. 13.

A CINERÁRIA ÂNFORA

[...] afora os trechos de prosa e os versos de minha juventude e o resto, que lhes fazia eco, publicado em quase toda a parte, cada vez que eram lançados os primeiros números de uma revista literária, sempre sonhei e tentei outra coisa, com uma paciência de alquimista, pronto a sacrificar-lhe toda vaidade e satisfação, como outrora se queimavam a mobília e as vigas do telhado para alimentar a Grande Obra. O quê? é difícil dizer: um livro, simplesmente, em vários tomos, um livro que seja um livro, arquitetônico e premeditado, e não uma coletânea de inspirações casuais por maravilhosas que fossem... Irei mais longe, e direi: o Livro, convencido de que no fundo há um só, tentado à revelia por quem quer que tenha escrito, mesmo os gênios. A explicação órfica da terra, que é o único dever do poeta e o jogo literário por excelência: pois o próprio ritmo do livro então impessoal e vivo, até na sua paginação, justapõe-se às equações do sonho, ou da ode[6].

QUANTO AO LIVRO...

Entre os preciosos manuscritos inéditos que, num bilhete escrito horas antes do fim pressentido, o poeta condena à destruição, encontram-se os originais de *Igitur*, uma versão do *Fauno* e esboços de *Herodíade*, fragmentos do *Túmulo de Anatole*, todo um exercício de preparação para a escrita do *Livro* por definição necessário e impossível. O que se poderia chamar de "obra de Mallarmé", nesse ano de 1898 em que ele se vai, deixando *un mot* rabiscado para a mulher e a filha, é uma pequena biblioteca de textos esparsos em revistas de curta duração, álbuns de versos, uma edição fotolitográfica das poesias, folhas soltas, divagações, rabiscos: os editores de *Poésies*, assim como o de *Un Coup de Dès... [Um Lance de Dados...]*, livro ilustrado por Odilon Redon, são surpreendidos pela morte repentina do autor, que não pôde, portanto, rever as provas.

Textos na disseminação de páginas que provocam necessariamente a angústia do editor chamado a reuni-los, hoje, no que

---

6. Ode: segundo Mallarmé, "fábula virgem de tudo, lugar, tempo e pessoas conhecidas".

seria uma *Obra Completa*. Bertrand Marchal, encarregado da reedição do primeiro volume do *Mallarmé* da preciosa Pléiade, vê diante de si livros inacabados, embrionários, e se pergunta sobre a necessidade de fazer figurar, "numa edição que deveria reagrupar a obra de um autor, simples anotações que dariam, no melhor dos casos, uma idéia muito incerta da obra projetada", como as notas do Livro, "cuja maior parte, longe de toda elaboração literária, manifesta uma surpreendente obsessão pelo número"[7].

Ora, o próprio Mallarmé não nos ensinou, porém, que o livro (o Livro, a Obra), não começa nem termina? No máximo, ele, ela, simulam e nos permitem (des)embaralhar o conjunto no jogo da fantasia:

Escrito por [   ]

Em 1862, Stéphane Mallarmé publica em Sens, anônimo, seu primeiro livro, uma *plaquette* de oito folhas in-8°, sem capa, impressa em negro sobre papel cor-de-cinza: *Scies*, coletânea de versos que traz no rosto da primeira página:

Fait en colaboration avec les
Oiseaux, les Pâtés, les Fraises et les Arbres
Par

Feito em colaboração com os
Pássaros, as Manchas de Tinta, os Morangos e as Árvores
Por

e no verso:

Air: "Il était un petit navire,
Qui n'avait jamais navigué".

---

7. Bertrand Marchal, "Éditer Mallarmé", *Magazine Littéraire*, loc. cit.

A CINERÁRIA ÂNFORA

Ária: "Era uma vez um barquinho
Que jamais tinha navegado".

Uma Recolha Imaginária

Entre os poemas da mocidade, esparsos em jornais, manuscritos perdidos em gavetas de velhos móveis, seleciono este, pelo insólito de um gesto, pelo acerto de um corte do verso:

Mysticis Umbraculis

(Prose des fous)

Elle dormait: sont doigt tremblait, sans améthyste
Et nu, sous sa chemise, après un soupir triste
Il s'arrêta, levant au nombril la batiste.

Et son ventre sembla de la neige où serait,
Cependant qu'un rayon redore la forêt,
Tombé le nid moussu d'un gai chardonneret[8].

(Prosa dos loucos)

Ela dormia: seu dedo tremia, sem ametista
E nu, sob a camisa, após um suspiro triste
Interrompeu-se, ao umbigo levantando a cambraia.

E seu ventre lembrou a neve onde teria,
Enquanto um raio redoura a floresta,
Caído o ninho musgoso de alegre pintassilgo.

Duas Edições Artesanais de Poesias

Entre os seus 17 e 20 anos, Stéphane Mallarmé, então matriculado no Liceu de Sens, preenche um caderninho com uma seqüência de poemas inspirados em Hugo e Musset, de título

---

8. Manuscrito autógrafo, "com a mais linda letra do poeta", observam Mondor e Jean-Aubry, que estabeleceram e comentaram a edição Pléiade das *O.C.*, p. 22.

significativo: *Entre quatre murs* [*Entre Quatro Paredes*], conjunto publicado por Henri Mondor em 1954. É este o tom da melodia juvenil:

Rêve Antique

Elle est dans l'atrium la blonde Lycoris
Sous un flot parfumé mollement renversé.
Comme un saule jauni s'épand sous la rosée,
Ses cheveux sur son sein pleuvent longs et fleuris.

Dans les roseaux, vis-tu, sur un fleuve bleuâtre,
Le soir, glisser le front de la pâle Phoebé?
– Elle dort dans son bain et sa gorge d'albâtre,
Comme la lune, argente un flot du ciel tombé.

Son doigt qui sur l'eau calme effeuillait une rose
Comme une urne odorante offre un calice vert:
Descends, ô brune Hébé! verse de ta main rose
Ce vin qui fait qu'un coeur brûle, à tout coeur ouvert.

Elle est dans l'atrium la blonde Lycoris
Sous un flot parfumé mollement renversée:
Comme ton arc d'argent, Diane aux forêts lancée,
Se détend son beau corps sous ses amants choisis.

Sonho Antigo

Ei-la no atrium, a loura Lycóris
Sob onda de perfumes docemente inclinada.
Como um choupo amarelo ao rocio se expande,
Seus cabelos no seio chovem, longos e floridos.

Nos caniços, tu viste, sob um rio azulado,
À tarde, insinuar-se a fronte da pálida Febe?
– Ela dorme em seu banho e o colo de alabastro,
Como a lua, prateia-lhe um jorro caído do céu.

Seu dedo que sob a água serena desfolhava uma rosa
Tal urna odorante oferece um cálice verde:

A CINERÁRIA ÂNFORA   37

Desce, ó Hebe morena! verte, com a rósea mão
O vinho que faz arder um coração, a todo coração aberto.

Ei-la no atrium, a loura Lycóris
Sob onda de perfumes docemente inclinada:
Como teu arco de prata, Diana nas selvas lançada,
Sob seus amantes eleitos o belo corpo repousa.

Em 1864, recém-casado e nomeado professor de inglês no
Liceu de Tournon, na província francesa, Mallarmé atravessa
uma profunda crise de depressão. Ele tem então 22 anos e –
num estilo que prefigura o movimento de sua prosa poética –
endereça umas queixas ao jovem amigo Henri Cazalis, um apai-
xonado por Edgar Allan Poe:

> Eu não te escrevo há muito tempo porque o *spleen* me invadiu intei-
> ramente. Você se entediava em Estrasburgo, que é uma cidade grande,
> amiga do pensamento? ah, meu amigo, compreenda que aqui chegamos
> aos extremos desencorajamentos. A ação é nula; rodamos num círculo
> estreito como os cavalos imbecis de um circo de feira, ao som de que
> música, meu Deus! Sem os tribunais, eu tocaria fogo nas ignóbeis casas
> que vejo irrevogavelmente da minha janela, a toda hora do dia, simplórias
> e estúpidas: e como eu meteria uma bala, a certos instantes, no crânio
> embrutecido destes miseráveis vizinhos que fazem todo dia a mesma
> coisa e cujas vidas enfadonhas combinam aos meus olhos lacrimejantes
> com o espantoso espetáculo da imobilidade, que derrama o tédio. – Sim,
> eu o sinto, eu me abato dia a dia sobre mim mesmo: todo dia, o desâni-
> mo me domina, morro de torpor. Sairei daqui embrutecido, anulado.
> Queria bater com a cabeça nas paredes para me acordar[9].

Ora, na mesma época, duas cartas – uma do amigo des
Essarts [3 de março de 1864] e outra de Lefébure, também um
amigo – acusam o recebimento de um caderninho contendo, cui-

---

9. Carta a Henri Cazalis, datada de Tournon, 23 de março de 1864. Mallarmé,
   Correspondence, Ed. de Bertrand Marchal, Paris, Folio/Classique, 1995, p.
   172. [Doravante *Corresp.*]

38   OS ANOS DE EXÍLIO DO JOVEM MALLARMÉ

dadosamente copiados pelo spleenético Mallarmé, à mão, uma recolha de versos constituída naquele período mesmo em que ele desmoronava no tédio da provinciana Tournon: é, dois anos antes de sua publicação, uma *edição artesanal* dos versos incorporados pelo *Parnasse Contemporain* e mais tarde incluídos na edição Deman de *Poésies*, póstuma [1899], conjunto onde se reconhece, como dizem os franceses, a *patte* do mestre Charles Baudelaire, sua garra, e do qual elejo para o leitor culto por definição, ao acaso, um soneto que o poeta de vinte anos já havia enviado ao amigo Henri Cazalis, com o seguinte comentário:

> Emmanuel talvez tenha lhe falado de uma esterilidade curiosa que a primavera havia instalado em mim. Depois de três meses de impotência, dela me livrei, e meu primeiro soneto é consagrado a descrevê-la, isto é, a maldizê-la. É uma poesia de gênero bastante novo, em que os efeitos materiais, do sangue, dos nervos são analisados e mesclados aos efeitos morais, do espírito, da alma. Poderia se intitular "Spleen printanier" ["Spleen primaveril"]. Quando a combinação se harmoniza bem e a obra não é nem muito física nem muito espiritual, ela pode representar alguma coisa[10].

Apesar de evidentemente baudelairiano, este soneto impressiona, contudo, não apenas por ligar – no contexto do verbo como exorcismo – vida e arte, como por já colocar em evidência uma sintaxe e ritmos peculiares, na encenação de certos temas e símbolos aos quais o poeta há de permanecer fiel:

Vere Novo[11]

Le printemps maladif a chassé tristement
L'hiver, saison de l'art serein, l'hiver lucide,
Et dans mon être à qui le sang morne préside
L'impuissance s'étire en un long baillement.

10. *Idem*, pp. 54-55.
11. Primeira versão de "Renouveau" [Renovo]. O título latino procede de Victor Hugo (*Contemplações*, I, 12), que o colheu em Virgílio, *Geórgicas*, I, 43.

Des crépuscules blancs tiédissent sous mon crâne
Qu'un cercle de fer serre ainsi qu'un vieux tombeau,
Et, triste, j'erre après un rêve vague et beau,
Par les champs où la sève immense se pavane

Puis je tombe énervé de parfums d'arbres, las,
Et creusant de ma face une fosse à mon rêve,
Mordant la terre chaude où poussent les lilas,

J'attends, en m'abîmant que mon ennui s'élève...
– Cependant l'Azur rit sur la haie et l'éveil
De tant d'oiseaux en fleur gazouillant au soleil.

Vere Novo

A primavera malsã expulsou tristemente
O inverno, estação da arte serena, o inverno lúcido,
E no meu ser, a que o sangue morno preside,
A impotência se estira num longo bocejo.

Crepúsculos brancos amornam sob meu crânio
Que um círculo de ferro, como um velho túmulo, aperta,
E, triste, erro atrás de um sonho vago e belo,
Nos campos em que a seiva imensa se pavoneia.

Depois tombo, enervado de perfumes de árvores, lasso,
E cavando com a face uma fossa para o meu sonho,
Mordendo a terra quente onde crescem lilases,

Aguardo, abismando-me que meu tédio se erga...
– Entretanto o Azul ri sobre a sebe e o alerta
De tanto pássaro em flor sussurrando ao sol.

Em setembro de 1865, o jovem e spleenético professor de inglês, fruindo de uma curta temporada de descanso, encontra-se com Catulle Mendès em Choisy-le-Roy, nas imediações de Paris. Anos mais tarde, Mendès esboçará, no seu *Rapport sur la Poésie Française* [*Relatório sobre a Poesia Francesa*][12], um

---

12. Cf. Jean-Luc Steinmetz, *Stéphane Mallarmé*, Paris, Fayard, 1998, p. 89.

40 OS ANOS DE EXÍLIO DO JOVEM MALLARMÉ

surpreendente retrato do poeta, anotando, aliás, ter tido em mãos o precioso livrinho manuscrito; a edição artesanal dos poemas de Mallarmé compunha-se, pois, de pelo menos três exemplares:

Ele era pequeno, enfermiço, com, numa face ao mesmo tempo severa e dolorosa, doce na amargura, destroços de miséria e decepção. Tinha mãozinhas finas e um dandismo (meio cortante e frágil) de gestos. Mas seus olhos mostravam a pureza das criancinhas [...] Passando a impressão de não dar a menor importância às coisas tristes que me dizia, contou-me que tinha vivido um longo tempo muito infeliz em Londres [...]. Depois me deu versos para ler. Estavam escritos com uma letra fina, correta e infinitamente minuciosa num desses bloquinhos encadernados com papelão imitando couro, fechado por um fivelazinha de couro. Fiquei deslumbrado.

Graças a uma carta do mesmo Catulle Mendès, sabemos que o *Parnasse Contemporain* já havia recebido, no dia 24 de abril de 1866, o que Mallarmé, então com 24 anos, chama de sua "trezena de poemas" (extraídos do caderninho com capa imitando couro), dez dos quais serão publicados no número 11 da revista (12 de maio de 1866), contendo contudo erros de impressão que provocam num poeta ansioso pelo renome de criador de obras perfeitas ("des oeuvres qui puissent m'assurer un renom de perfection"[13]), o desejo de impedir a circulação dos fascículos: "*Cela m'a tenu à coeur*" [sublinhado por Mallarmé], "*isso me exasperou*"[14]. Entre os poemas publicados, figura o soneto mais tarde intitulado *Soupir* [*Suspiro*], ainda baudelairiano, mas no qual se esboça talvez pela primeira vez, nítida, a frase poética que será – que já é – a de Mallarmé, um abstrato *continuum*, aéreo, e no entanto carnal:

Mon âme vers ton front où rêve, ô calme soeur,
Un automne jonché de taches de rousseur,

13. Carta a Cazalis, datada de 21 de maio de 1866, *Corresp.*, pp. 304-305.
14. *Idem, ibidem.*

A CINERÁRIA ÂNFORA

Et vers le ciel errant de ton oeil angélique
Monte, comme dans un jardin mélancolique,
Fidèle, un blanc jet d'eau soupire vers l'Azur!
– Vers l'Azur attendri d'Octobre pâle et pur
Qui mire aux grands bassins sa langueur infinie:
Et laisse, sur l'eau morte où la fauve agonie
Des feuilles erre au vent et creuse un froid sillon,
Se traîner le soleil jaune d'un long rayon.

Minha alma para tua fronte em que sonha,
Ó doce irmã, um outono juncado de sardas,
E para o céu errante de teu olho angélico
Eleva-se, tal num jardim melancólico,
Fiel, branco jorro d'água para o Azul suspira!
– Para o Azul comovido de outubro pálido e puro
Que mira nos grandes tanques seu langor infinito:
E deixa, na água morta onde a fulva agonia
Das folhas erra ao vento e cava um frio sulco,
Arrastar-se o sol amarelo de um longo raio.

E no entanto, na ansiosa expectativa de vê-los publicados, como Mallarmé tinha se preocupado – até à angústia – com a impressão de seus dez poemas, que desejaria "exata", multiplicando a Mendès pedidos de revisão das provas; com mil cuidados maníacos em relação aos brancos da página, à respiração do texto, nada querendo entregar aos acasos da tipografia; prefigurando, em suma, uma recolha que fosse uma arquitetônica:

Gostaria de caracteres bastante fechados, que se adaptassem à condensação do verso, mas com ar entre os versos, espaço, a fim de que eles se destaquem bem uns dos outros [...]. Numerei os poemas, isso tem alguma utilidade? Em todo caso, gostaria também de um grande branco depois de cada um, uma pausa, pois eles não foram compostos para se seguirem assim, e, embora, graças à ordem que ocupam, os primeiros sirvam de iniciação aos últimos, eu apreciaria muito se não fossem lidos de uma assentada e como que buscando uma seqüência de estados

42   OS ANOS DE EXÍLIO DO JOVEM MALLARMÉ

d'alma resultando uns dos outros, o que não é o caso, e estragaria o prazer particular de cada um deles. – A ordem lhe parece boa? Com exceção de "O Mendigo", que joguei no penúltimo lugar, não sabendo onde o colocar. – Qual sua opinião sobre o título? Hesitei entre *Angústias* e *Atonias*, que são igualmente corretos, mas preferi o primeiro, que esclarece "O Azul", e os versos na mesma sintonia[15].

Um Periódico para Senhoras

Em 1874, quando o poeta (ele está com trinta anos de idade), tendo deixado para sempre a triste província francesa, já fixou residência em Paris, encontramos finalmente (se não levarmos em conta a *plaquette* anônima e um ou outro poema acolhido por alguma revista literária) um impresso que nos permite inaugurar uma lista de publicações dignas desse nome, do ponto de vista propriamente tipográfico: *La Dernière Mode* [*A Última Moda*], "Gazeta do mundo e da família", dirigida por Mallarmé com o pseudônimo de Marasquin: uma revista para senhoras, composta de artigos em sua maioria escritos pelo autor de "Ses purs ongles...", porém assinados por supostas mulheres – Marguerite de Ponty, Ix, Madame de P., Miss Satin. É raro encontrar nessa publicação, aliás efêmera, uma ou outra resenha de livro assumida por Mallarmé; no mais, são descrições de "vestidos vaporosos de baile", de tecidos, de móveis, de "brumas de ouro e de pedras preciosas", de espetáculos teatrais, de todo um universo evanescente, feminino, entre o toque sombrio do veludo e uma carne de sedas e cetins, revelando o domínio exato de um léxico "deliciosamente" mundano, finissecular e muito francês, intraduzível: *jupe en satin pensée, frange de fantaisie en soie, volants de faille, corsages à basques rondes, chapeau Fleur-de-Thé*. E, entre outras jóias, este "artigo primeiro e único" do "código da moda outonal", no sexto número do periódico, datado de 15 de novembro de 1874:

---

15. Carta a Catulle Mendès, 24 de abril de 1866.

A CINERÁRIA ÂNFORA 43

Se os tecidos clássicos de baile se comprazem em nos envolver como que de uma bruma esvoaçante e feita de todos os brancos, o próprio vestido, ao contrário, corpete e saia, modela mais do que nunca a pessoa: oposição deliciosa e cheia de engenho entre o vago e o que se deve sublinhar[16].

Oito números da revista circularam entre setembro e dezembro de 1874. A convite de Mallarmé, outros autores publicaram versos e contos nesse periódico feito para senhoras: Théodore de Banville, Alphonse Daudet, Emmanuel des Essarts, entre outros. Catulle Mendès comparece, no sexto, com a letra de uma obra musical, *Chanson*, de Augusta Holmès, acompanhada por este comentário indubitavelmente de Mallarmé;

A Música que apresenta hoje a página em geral dedicada ao Programa da Quinzena é, canto, acompanhamento e versos, totalmente inédita. Necessário se faz, para não modificar completamente a disposição ordinária do Jornal, dar a uma obra desse valor, composta especialmente para nossas Leitoras, um formato muito limitado: o cuidado posto na gravação permite ao menos à executante nada perder[17].

O Livro do Pássaro Negro

A história da publicação dos poemas de Poe traduzidos por Mallarmé é curiosa. As bibliografias do poeta confirmam a existência de *Les Poèmes d'Edgar Poe* (Bruxelles, Edmond Deman, 1888) e de *Les Poèmes d'Edgar Poe* (Paris, Léon Vanier, 1889); o primeiro comportando uma "segunda edição" que na verdade não passa de uma nova tiragem – ambos preciosamente editados, contendo desenhos, retratos e vinhetas de Édouard Manet e a reprodução do "Tombeau d'Edgar Poe" ["Túmulo de Edgar Poe"], anteriormente incluído[18] na recolha *Edgar Allan Poe: A Memorial Volume* (Baltimore, Turnbull Brothers, 1877) e mais

16. *O.C.*, p. 797.
17. *Idem*, p. 796.
18. Com algumas variantes.

tarde num dos artigos de Paul Verlaine consagrados aos *Poètes Maudits* [*Poetas Malditos*] e publicados sob forma de livro em 1884 (Paris, Vanier):

Tel qu'en Lui-même enfin l'éternité le change,
Le Poète suscite avec un glaive nu
Son siècle épouvanté de n'avoir pas connu
Que la mort triomphait dans cette voix étrange!

Eux, comme un vil sursaut d'hydre oyant jadis l'ange
Donner un sens plus pur aux mots de la tribu
Proclamèrent très haut le sortilège bu
Dans le flot sans honneur de quelque noir mélange.

Du sol et de la nue hostiles, ô grief!
Si notre idée avec ne sculpte un bas-relief
Dont la tombe de Poe éblouissante s'orne,

Calme bloc ici-bas chu d'un désastre obscur,
Que ce granit du moins montre à jamais sa borne
Aux noirs vols du Blasphème épars dans le futur.

Como em Si mesmo enfim a eternidade o muda,
O Poeta suscita com um gládio nu
Seu tempo assombrado por não ter entendido
Que a morte triunfava nessa voz estranha!

Eles, tal vil tremor de hidra ouvindo outrora o anjo
Dar um sentido mais puro às palavras da tribo
Proclamaram muito alto o sortilégio bebido
Na onda sem honra de alguma negra mistura.

Da terra e da nuvem adversos, ó agravo!
Se nossa idéia com não esculpe um baixo-relevo
De que se orne deslumbrante a tumba de Poe,

Calmo bloco caído aqui de um desastre obscuro
Que este granito ao menos mostre sempre seu marco
Aos negros vôos da Blasfêmia esparsos no futuro.

A correspondência de Mallarmé atesta sua paixão por Edgar Poe a partir pelo menos de 1862, ano em que W. J. Hughes publica seus *Contes Inédits d'Edgar Poe* seguidos de uma recolha de poemas. Mas desde 1852 Charles Baudelaire já se referia, no artigo "Edgar Poe, sa Vie e ses Ouvrages", à obra propriamente poética do americano, chegando a anunciar, dois anos depois, seu projeto de fazer editar às suas expensas "um lindo pequeno volume de luxo, de cinqüenta exemplares, com as poesias de Edgar Poe: (seria) absolutamente inédito". O comentador da edição Pléiade de Mallarmé, de quem recolho esses dados[19], observa que Baudelaire parecia contudo ter renunciado, já em 1857, à difícil tarefa: "Uma tradução de poesias tão volumosas", escreve ele na abertura de *Novas Histórias Extraordinárias*, "tão concentradas, pode ser um sonho acariciador, mas só pode ser um sonho".

Uma carta a Collingnon nos permite supor que Mallarmé se lançara à tradução de Poe desde 1864, embora só a partir de 1872, quando já residia, portanto, em Paris, tenha iniciado a publicação, em periódicos, desse trabalho paciente, desenvolvido ao longo de quase uma década. E somente dez anos depois nasceria o projeto ou sonho de uma edição ilustrada de *O Corvo*.

Jean-Luc Steinmetz conta que Mallarmé, ao deixar o liceu parisiense em que lecionava inglês, costumava passar pelo ateliê de Édouard Manet (de quem é talvez o mais famoso retrato do autor de *O Fauno*), onde lia, em voz alta, versos: as frases obsessivas de sua tradução de *The Raven*, por exemplo. Acabou por sugerir ao pintor ilustrar aquelas páginas[20].

J.-L. Steinmetz registra a existência no ateliê de Manet, por volta daquela época, de uma cabeça de Minerva encimada por um corvo empalhado estendendo as asas; e quem se debruçar, hoje, sobre as cinco estranhas gravuras que já estão prontas em

19. *O.C.*, p. 1515.
20. Steinmetz, *op. cit.*, p. 162.

46   OS ANOS DE EXÍLIO DO JOVEM MALLARMÉ

março de 1875, não pode deixar de reconhecer, nos traços do herói que ouve o sinistro pássaro negro entoando seu *Nevermore*, o rosto do próprio Mallarmé.

Ora, consultado quanto à possibilidade de publicar essa bela obra ilustrada, o editor Lemerre, depois de a ler, declara a tradução "absolutamente obscura", julgamento que ratifica assinalando ao próprio Manet que "o poema do senhor Mallarmé oferece tais insanidades que é impossível, para uma casa séria, publicá-lo"[21].

Foi somente depois do fracasso de outras tentativas com Blemont que o tradutor de Poe chegou finalmente ao editor Richard Lesclide, um apaixonado pelo mundo das letras, criador da bela revista artística *Paris à l'Eau-Forte* [*Paris em Água-Forte*], um dos primeiros, na França, a se dedicar à feitura de livros de arte.

No dia 2 de junho de 1875 Lesclide entrega ao público seu *O Corvo*, com 200 exemplares. Tradução de Stéphane Mallarmé. Texto ilustrado com 4 desenhos a tinta autográfica transposta para zinco e impressas sobre papel da China ou Holanda: "Sob a Lâmpada", "A Janela", "Sobre o Busto", "A Cadeira". (De novo reconhecemos Mallarmé nos traços do herói.) O ex-libris representa o pássaro de sinistro augúrio.

O livro é ignorado pelo público: a tradução em prosa parece literal demais a ouvidos habituados à dicção tradicional do verso francês; e as ilustrações de Manet, para os apreciadores do romântico Poe de Gustave Doré, chocam pela modernidade – *O Corvo* de Mallarmé/Manet vem à luz, sintomaticamente, no mesmo ano em que o burguês zomba, no Salão, de *Les Canotiers d'Argenteuil*.

O Boneco dos Poemas de Poe

Existe, no acervo de Henri Mondor, uma *maquette* feita por Mallarmé, com vistas à edição de 1888 dos poemas de Poe: são recortes da edição ilustrada de *O Corvo*, fragmentos de re-

21. *Idem*, p. 163.

vistas antigas (*Renaissance Artistique* e *République des Lettres*) e páginas manuscritas, entre as quais "O Túmulo de Edgar Poe".

Uma Égloga Moderna

Em 1876, Édouard Manet contribuiria novamente para a beleza de um maravilhoso álbum in-8º ilustrado, contendo a égloga *L'Après-midi d'un Faune*, que Des Esseintes, personagem do *Às Avessas* de Huysmans, manipula como um missal, *grimoire* ou livro de feitiçaria: uma "deliciosa" *plaquette* "cuja capa de feltro do Japão, tão branca quanto leite coalhado, era fechada por dois cordões de seda, um rosa-da-china, o outro negro. Dissimulada por trás da capa, a trança negra juntava-se à trança rósea que punha um como que sopro de velutina, uma como que suspeita de arrebique japonês moderno, um como que adjuvante libertino, na antiga brancura, na cândida carnação do livro, e enlaçava, atando-as numa laçada ligeira, sua cor sombria à cor clara, insinuando uma discreta advertência desse pesar, uma vaga ameaça dessa tristeza que se segue aos transportes extintos e às sobreexcitações pacificadas dos sentidos"[22].

O Livro de Villiers

Visitando Stéphane Mallarmé em seu apartamento na rue de Rome, o jovem Gustave Kahn é convidado a entrar na pequena sala que servia de gabinete de trabalho para o poeta e percebe, sobre a mesa, uma espécie de registro, que ele abre: cuidadosamente recortados de revistas onde haviam sido publicados, ali estão colados os contos de Villiers de l'Isle-Adam.

---

22. J.-K. Huysmans, *Às Avessas*, trad. de José Paulo Paes, São Paulo, Companhia das Letras, 1987, p. 230.

48 OS ANOS DE EXÍLIO DO JOVEM MALLARMÉ

Túmulos

Um "túmulo" é originalmente um conjunto de textos (contendo eventualmente imagens) em prosa e verso, de diferentes autores, em línguas diferentes – francês, inglês, grego, latim, hebraico, reunidos para celebrar a vida e a obra de um grande homem morto; poeta, príncipe, guerreiro. O túmulo é, pois, do ponto de vista literário, uma metáfora de *tumulus*, o montículo de terra com que se recobre um cadáver, e constitui-se historicamente, sobretudo na França de meados do século XVI, a partir de heranças antigas – há no túmulo poético ressonâncias do epigrama grego – mas também de tradições mais recentes, pois ele traz a marca do lamento funerário dos Rhétoriqueurs, de Petrarca, de Dante.

Estudando esse curioso fenômeno, Dominique Moncond'huy[23] nele vê o ponto de chegada de uma evolução que Philippe Ariès constatou para o túmulo de matéria – mármore, bronze, granito –, nascido de um anseio de identidade, de um desejo de sair do anonimato, sublinhados pelo epitáfio, que vai conhecer um extraordinário crescimento a partir do século XVI: *aqui repousam as cinzas de...*

Tendendo sintomaticamente para o desaparecimento no século XVII, quando passa a ser substituído pelo túmulo musical que se desenvolve no século XVIII, o túmulo poético vê-se marginalizado por cerca de dois séculos, reaparecendo, entretanto, na segunda metade do século XIX, em função, talvez, de um gosto, próprio da época, pela comemoração, mas sem dúvida também pela vontade deliberada de retomar o gênero quinhentista[24]: assim, o *Túmulo de Théophile Gautier*, de 1873, para o qual Mallarmé contribui com um "Toast Funèbre" ["Toast Fúnebre"].

23. Dominique Moncond'huy, *Le Tombeau Poétique en France*, Poitiers, La Licorne, s/d., p. 6.
24. Cf. Joël Dalançon, "Le Tombeau de Théophile Gautier", em Moncond'huy, *op. cit.*, pp. 239 e ss.

O "Túmulo de Poe" foi escrito, como se viu acima, por ocasião da ereção de um monumento comemorativo ao poeta de *O Corvo*, nos Estados Unidos, assim como a homenagem ao poeta de *As Flores do Mal*, inicialmente publicada em *La Plume* (1895), agrega-se, no ano seguinte, ao volume do *Túmulo de Charles Baudelaire*. Liberados dos espaços que os aprisionavam, os dois erguem-se hoje, como blocos solitários, no campo da poesia.

Le Tombeau de Charles Baudelaire

Le temple enseveli divulgue par la bouche
Sépulcrale d'égout bavant boue et rubis
Abominablement quelque idole Anubis
Tout le museau flambé comme un aboi farouche.

Ou que le gaz récent torde la mèche louche
Essuyeuse on le sait des opprobres subis
Il allume hagard un immortel pubis
Dont le vol selon le réverbère découche [25]

Quel feuillage séché dans les cités sans soir
Votif pourra bénir comme elle se rasseoir
Contre le marbre vainement de Baudelaire

Au voile qui la ceint absente avec frissons
Celle son Ombre même un poison tutélaire
Toujours à respirer si nous en périssons

O Túmulo de Charles Baudelaire

O templo enterrado divulga pela boca
Sepulcral de esgoto babando lama e rubis

---

25. Hans Peter Lund ("Paroles d'outre-tombe: Les 'Tombeaux' de Mallarmé", em *Le Tombeau...*, cit., p. 266) vê neste verso pelo menos dois sentidos que se interpenetram: "a luz voa de uma lâmpada a outra"; "a prostituta se direciona para a luz que acendem em algum lugar". Haveria aqui, portanto, uma clara referência a *As Flores do Mal*, pois o texto baudelairiano "esclarece" a prostituição e a lama de Paris.

Abominavelmente algum ídolo Anúbis
O focinho crestado tal feroz ladrido.

Ou que o gás recente retorça a mecha suspeita
Apagadora, sabe-se, de opróbrios sofridos
Acenda desvairado um púbis imortal
Cujo vôo segundo a luz se direciona

Que folhagem seca nas cidades sem noite
Votiva poderá bendizer como ela reassentar-se
Contra o mármore inutilmente de Baudelaire

No véu que a cinge ausente com frêmitos
Esta sua própria Sombra um veneno tutelar
Sempre a respirar se dele perecemos.

Para um Túmulo de Anatole

Os fragmentos desse túmulo seriam publicados pela primeira vez graças aos cuidados de Jean-Pierre Richard que escreve, ao apresentá-los ao leitor:

Logo que tive nas mãos esse pequeno maço manuscrito, e que, abrindo a leve capa de papelão vermelho que lhe servia de abrigo, tinha decifrado o conteúdo dessas 202 folhas, fui invadido por sentimentos bastante contraditórios. Minha primeira reação foi de exaltação: essas frases em farrapos e contudo vibrantes, esse laconismo grave, a própria fisionomia de uma escrita elegante e arrebatada ao mesmo tempo, tudo me introduzia, desde o início, no mais vivo ponto de uma sensibilidade cujos gestos, há muito tempo, eu tentava interpretar. Acrescento que o estremecimento era aqui particularmente doloroso: essas folhas giram todas, com efeito, em torno de um acontecimento trágico, a morte do pequeno Anatole, filho de Mallarmé, desaparecido em 1879, com a idade de 8 anos, em conseqüência de uma doença. Redigidos sem dúvida pouco tempo depois dessa morte, elas recolhem diretamente a expressão de uma dor profunda: de onde uma forte emoção à qual o leitor mais precavido não conseguiria, creio, permanecer insensível. Mas o patético está aqui meditado, dominado, retomado em profundidade por um espírito soberano: eu experimentava então a alegria de encontrar um Mallarmé fiel a si mesmo, ligado a seus temas maiores da inteligência e do sonho, diante de um fato cuja acuidade teria podido desconcertar ou dilacerar o ordem íntima de seus pensamentos e de seus sonhos. Ora, não somente essas folhas são materialmente de Mallarmé, mas são em profundidade mallarmeanas; compreendamos com isso que recortam, confirmam, muitas vezes prolongam muita indicação desenvolvida na obra publicada. Apenas isso bastaria para dizer seu valor.

Contudo, a alegria dessa descoberta era acompanhada em mim por uma sensação de embaraço. Diante de frases tão cruas, tão imediatas, eu me sentia quase indiscreto. Que vinha fazer eu no meio de uma dor já tão antiga, até então tão bem dissimulada? [...]

E se essas frases são suspiros, elas nos parecem ser ainda mais preciosas [...][26].

O Livro-Dossiê

O manuscrito autógrafo de *Igitur* pode ser consultado, hoje, na Biblioteca Literária Jacques Doucet, sob o número 46021. Sobre esse documento, escreve Kan Miyabayashi:

Tal como chegou até nós, *Igitur* é um dossiê que classifica provisoriamente esboços que são também provisórios. Essa classificação pode ser atribuída, com certa razão, ao próprio Mallarmé. O primeiro editor parece tê-lo respeitado, com exceção de três pontos problemáticos: 1) o lugar dos fragmentos reagrupados sob o título geral de "Vida de Igitur", que não parece se justificar; 2) a montagem contestável dos fragmentos que compõem, em todas as edições atuais, a segunda e a quarta parte do que é considerado o texto definitivo; 3) a inserção de esboços certamente lapidares em lugares onde não deviam figurar. Todos esses pontos devem ser retificados, mas no estado atual do manuscrito, levando-se em conta a reclassificação dos fragmentos segundo a edição composta por E. Bonniot, torna-se infelizmente impossível restituir o dossiê na sua ordem original.

Contudo, o inacabamento dos esboços não impede que se tenha uma certeza: a obscuridade lendária de *Igitur* nasce principalmente da confusão, no dossiê, de duas classificações possíveis e mutuamente excludentes. Pois existe, oculta pela divisão em capítulos – embora contestá-

---

26. J.-P. Richard, prefácio a Stéphane Mallarmé, *Pour un Tombeau d'Anatole*, Paris, Seuil, 1990, pp. 9-10.

52 OS ANOS DE EXÍLIO DO JOVEM MALLARMÉ

vel sob diversos pontos, ela traduz, entretanto, o plano provisoriamente fixado por Mallarmé – outra classificação que o leitor é chamado a restabelecer: é a cronologia da redação que, longe de coincidir com uma cronologia pressuposta pela narração, torna ainda mais difícil um leitura linear em si mesma problemática[27].

Um Livro Virtual

Em 1882, Mallarmé recebe uma carta de Joris-Karl Huysmans, escritor que, tendo apostasiado o naturalismo do qual fizera parte sob o patronato de Émile Zola, prepara em segredo, naquele momento, o que viria a ser uma das obras-primas da literatura simbolista-decadentista, um romance centrado na figura do "último descendente de uma grande raça enfastiada da vida americana e desprezando a aristocracia do dinheiro"[28], Jean des Floressas des Esseintes, descrito, na abertura do primeiro capítulo, como "um jovem franzino de trinta anos, anêmico e nervoso, de faces cavas, olhos azuis de aço frio, nariz erguido conquanto reto, mãos magras e longas"[29].

Recusando com veemência o utilitarismo do mundo moderno e a banalidade da vida burguesa, des Esseintes manda edificar, em Fontenay-au-roses, nos arredores de Paris, um castelo de sonhos, onde se dedica à para nós aflitiva atividade de levar seus sentidos, através de vivências cerebrais, até a suprema quintessência artística; esquema narrativo no qual se reconhece, imediatamente, a transposição de dois textos fundamentais de Charles Baudelaire: o poema em prosa "La chambre double" ["O Quarto Duplo"] e o famoso soneto "Correspondance" ["Correspondência"], pedra de toque da teoria simbolista da analogia, e que deita raízes no místico Swedenborg.

---

27. Kan Miyabayashi, "Plume-a-je: une 'ecture d'*Igitur*", em Bertrand Marchal et J.-L. Steinmetz (org.), *Mallarmé ou l'obscurité lumineuse*, Paris, Hermann, 1999, p. 255.
28. Carta de Huysmans a Mallarmé, datada de 29 de outubro de 1882. Cit. por Steinmetz, *op. cit.*, p. 218.
29. J.-K. Huysmans, *Às Avessas*, cit., p. 32.

A CINERÁRIA ÂNFORA 53

As cores, os sons e os perfumes se respondem uns aos outros, os desejos extravagantes se enredam aos delírios e às viagens imaginárias, conduzindo o tênue fio narrativo de *Às Avessas*, livro no qual todo um capítulo é dedicado ao relato de três eventos extraordinários, exemplares. O primeiro é a longa, elaborada, teimosa descrição de uma tartaruga cuja couraça, realçada a ouro, é incrustada com jóias preciosas para, sobre um tapete oriental moderno, "ainda demasiado vistoso", lhe amortecer os tons, desvanecendo-os no contraste de um brilho maior. O segundo é a súbita manifestação de uma dor de dentes, no momento em que o personagem se entrega à fruição de seu "órgão-de-boca", instrumento por ele inventado para transferir sensações musicais para o palato, permitindo-lhe compor, com licores, sinfonias gustativas. No terceiro, des Esseintes erra através de Paris, sofrendo agora fisicamente, e acaba por entregar-se a um profissional de terceira categoria que lhe extrai com violência o dente doente, cena descrita com minúcias parodiadas da estética naturalista. "Uf!", suspira nosso herói que, de volta a casa, inquieta-se com sua tartaruga, e a encontra morta: "não conseguira suportar o luxo deslumbrante que lhe impunham, a chapa rutilante de que a haviam revestido, as pedrarias que lhe tinham engastado nas costas, como um cibório"[30]. Eis o tom de todo o livro e a atmosfera de um castelo cuja biblioteca apresenta ao leitor suas paredes encadernadas, "como se fossem livros, em marroquim".

Mergulhando assim, progressivamente, no que, para retomar o vocabulário da época, chamaremos de "sua neurose", des Esseintes distanciava-se "cada vez mais do mundo contemporâneo pelo qual experimentava um horror crescente; e tal aversão teria forçosamente de agir sobre os seus gostos literários e artísticos, e ele se afastava o mais possível dos quadros e dos livros cujos temas se rebaixassem a tratar da vida moderna"[31].

30. *Idem*, p. 82.
31. *Idem*, p. 211.

54 OS ANOS DE EXÍLIO DO JOVEM MALLARMÉ

Seus autores são de Goncourt, Tristan Corbière, Villiers de l'Isle-Adam; e Flaubert – não o realista de *Madame Bovary*, mas o esteta da *Tentação* e de *Salammbô*; Charles Baudelaire, e Poe, naturalmente; e o Verlaine das *Festas Galantes*.

Tendo enunciado, assim, e longamente comentado, o que será por excelência a biblioteca do decadentismo-simbolismo, o narrador chama nossa atenção para duas "deliciosas" *plaquettes* esquecidas sobre a mesa. Como já tivemos a oportunidade de manipular a bela edição de *Le Faune* de Mallarmé/ Manet, vejamos a outra – são

algumas folhas encadernadas em pele de onagro, previamente acetinada em prensa hidráulica, enevoada a aquarela de nuvens de prata e provida de guardas de lustrina antiga, cujas ramagens já um pouco apagadas tinham aquela graça das coisas fanadas que Mallarmé celebrou num poema delicioso.

Essas páginas, em número de nove, haviam sido extraídas, em exemplares únicos, dos dois primeiros *Parnasos*, impressos em pergaminho e precedidos deste título: *Alguns Versos de Mallarmé*, desenhado numa caligrafia surpreendente, em letras unciais, com iluminuras, realçadas, com as dos velhos manuscritos, por pontos de ouro.

Entre as onze peças reunidas sob essa capa, algumas, "As Janelas", "O Epílogo Azul", o solicitavam; todavia, mais que as outras, um fragmento da *Herodíade* o subjugava, em certas horas, feito um sortilégio[32].

Reconhecemos imediatamente alguns dos títulos dos dez poemas da juventude de Mallarmé selecionados pelo *Parnaso* da "trezena" oferecida pelo poeta; acrescentando a eles a *Herodíade* publicada pela mesma revista em 1871 (com data de 1869), Huysmans confere ao leitor o poder de colocar *in actu* um ser cuja existência é – no sentido da filosofia escolástica – plenamente virtual: uma *plaquette* "deliciosamente" encadernada, com este título: *Alguns Versos de Mallarmé*.

---

32. *Idem*, p. 227.

Em 1885, um ano depois do aparecimento de *Às Avessas*, Mallarmé publica, dedicado ao imaginário des Esseintes, *Prose*[33] [*Prosa*], que é talvez – até pelo título – o mais enigmático de seus poemas.

Um Leque-poema

A poesia que se lerá a seguir foi publicada no dia 1º de junho de 1891 na revista *La Conque*. O original, atualmente na coleção de Henri Mondor, está redigido com tinta vermelha sobre um leque de papel prateado ornado com margaridas brancas:

Éventail de Madame Mallarmé

Avec comme pour langage
Rien qu'un battement aux cieux
Le futur vers se dégage
Du logis très précieux

Aile tout bas la courrière
Cet éventail si c'est lui
Le même par qui derrière
Toi quelque miroir a lui

Limpide (où va redescendre
Pourchassée en chaque grain
Un peu d'invisible cendre
Seule à me rendre chagrin)

Toujours tel il apparaisse
Entre tes mains sans paresse.

---

33. Há uma primeira versão desse poema, escrita, segundo C. P. Barbier, no início de 1870. Não existindo, entretanto, elementos que permitam datar a peça com precisão, a questão permanece aberta, como nota Bertrand Marchal, em Stéphane Mallarmé, *Poésies*, Paris, Poésie/Gallimard, 1992, pp. 223-224.

Leque de Madame Mallarmé

Com à maneira de linguagem
Nada mais que um vibrar ao céu
Solta-se o verso futuro
Da mui preciosa morada

Asa bem baixo a mensageira
Este leque se é mesmo ele
O mesmo para quem por trás
De ti um espelho luziu

Puro (onde descerá de novo
Em todo grânulo expulsa
Um pouco de invisível cinza
Única a me tornar tristonho)

Que ele sempre assim apareça
Entre tuas mãos sem preguiça.

Os Avatares de Poésies

Bertrand Marchal[34] observa que o caso de *Poésies*, aparentemente o mais simples para o editor de Mallarmé, é na realidade bastante complexo, uma vez que deste livro existem três edições de referência.

O manuscrito fotolitografado. Durante meses, em 1887, Mallarmé caligrafa uma recolha de poesias suas; ele as quer perfeitas e não cessa de corrigi-las, sobretudo as primeiras[35], enquanto Félicien-Rops grava um frontispício para o conjunto: "assentada de perfil sobre uma cadeira cujo desenho forma um ponto de interrogação, uma mulher nua, com algo de andrógino, coroada de louros, ergue com os braços uma imensa lira tocada por mãos desligadas de corpos e para a qual outras mãos se erguem. O trono em que se encontra a mulher repousa sobre um

---

34. Bertrand Marchal, "Éditer Mallarmé", *Magazine Littéraire*, cit., pp. 28-29.
35. Cf. Steinmetz, *op. cit.*, pp. 267 e ss., a quem devo as informações contidas neste item.

A CINERÁRIA ÂNFORA 57

confuso conjunto de crânios que lembram também máscaras teatrais fazendo esgares. O todo está sobre um pedestal onde se vê um vago baixo-relevo com um esqueleto cavalgando um cavalo igualmente esquelético. Num canto inferior do monumento figura a inscrição: AD ASTRA"[36].

Esta edição lindamente grafada por Mallarmé, com uma capa em Japão bis vermelha e negra, contém nove cadernos e está impressa em papel do Japão: quarenta exemplares, mais sete fora do comércio. Eis a composição dos cadernos:

1º caderno: *Primeiros Poemas*;
2º caderno: *Parnaso Satírico*;
3º caderno: *Primeiro Parnaso Contemporâneo*;
4º caderno: *Outros Poemas*;
5º caderno: *Herodíade*;
6º caderno: *A Tarde de um Fauno*;
7º caderno: *Toast Fúnebre*;
8º caderno: *Prosa para Des Esseintes*;
9º caderno: *Últimos Sonetos*.

Edição de 1899. Preparando a *maquette* ou "boneco" de seus versos, Mallarmé escrevia ao editor Deman, no dia 7 de abril de 1891, esta carta em que se encontra, todo inteiro, o poeta-editor, numa prosa que, rompendo com certas convenções epistolares, aproxima-se (e talvez por isso nos surpreenda tanto) do movimento da palavra falada:

Nós, vamos, não é?, durante alguns dias, pois trata-se de estabelecer esta edição de Versos, nos comunicar mutuamente nossas reflexões, ao acaso e em notas lançadas. Bem refletido, creio que não se trata de recomeçar uma publicação do manuscrito, o que pode acontecer uma vez, como exceção, mas o verso perde com isso. O verso só é muito belo numa letra impessoal, isto é, tipográfica: salvo, certamente, no caso de gravação, se se deseja dar à edição algo de imutável e monumental. Era,

36. *Idem*, p. 270.

OS ANOS DE EXÍLIO DO JOVEM MALLARMÉ

creio, sua impressão, quando o senhor falou de gravura outrora, e, parece-me, a verdadeira. Encontrar um dos belos tipos romanos existentes e fazer gravar (digo romano, o verso parecendo-me mais definitivo do que em itálico, ainda muito próximo da escrita).

Será a edição por excelência; da qual a manuscrita terá sido como que o rascunho ou "original", não admitindo mais, depois, senão a pequena edição corrente qualquer.

É a sua opinião?

Creio mesmo que, entre os bibliófilos, muitos, que têm o manuscrito, para guardar, retomarão esta, estável e completa.

Sim, o frontispício de Rops, se for possível reproduzi-lo com seu aspecto original e tal como agrada ao autor.

Quantos exemplares? talvez cem; e manter-se-á um preço alto, quanto, diga-me, mais ou menos?

Assim se apresenta a mim a operação, até aqui: mas qual é exatamente a sua opinião?

Seria necessário, se o senhor hesitar diante da gravura, tipografar com gênio por exemplo e sobre algum papel filigranado expressamente para esta edição.

Meu título até o presente

VERSOS

de

STÉPHANE MALLARMÉ

com muito branco entre as três linhas. Creio que não está mal[37].

O livro, que só viria à luz em 1899, depois portanto da morte de Mallarmé, teve as provas corrigidas, a pedido de Madame Mallarmé e sua filha, por Paul Valéry e a ele se acrescentaram três poemas não-previstos pelo "boneco" de 1894, o que, na opinião de Marchal, viria tirar dessa edição o caráter de "autoridade absoluta" que muitos vêem nela: "supondo que o editor, como acontece na maioria das edições recentes, prefira a edição Deman (de 1899), será ainda necessário escolher entre o

---

37. *Corresp.*, pp. 609-610.

respeito rigoroso a essa edição (que é, no fundo, o "boneco" aumentado por Geneviève e corrigido por Valéry), o "boneco" aumentado mas sem as correções de Valéry, e o "boneco", tal como foi concebido em 1894".

A Edição Chamada Definitiva

STÉPHANE MALLARMÉ

POÉSIES

ÉDITION COMPLÈTE
CONTENANT PLUSIEURS POÉMES INÉDITS
ET UN PORTRAIT

ÉDITIONS DE LA
NOUVELLE REVUE FRANÇAISE
35 & 37 RUE MADAME, PARIS

1913

Sem dúvida a mais completa, essa edição teria entretanto, segundo o mesmo Marchal, "uma autoridade limitada: feita quinze anos depois da morte do poeta por sua filha e seu genro, ela integra poemas que Mallarmé não tinha escolhido, ou que tinha deliberadamente posto de lado".

Foi nesta edição, publicada em 1913, que Fernando Pessoa leu Mallarmé[38], sublinhando, aqui uma palavra (*roseaux*) ou expressão (*musicienne du silence*), ali um título (*Prose, Brise marine*), mais adiante todo um verso:

Ses purs ongles très haut dédiant leur onyx

---

38. Ver Stéphane Mallarmé, *Poemas Lidos por Fernando Pessoa*, trad. e pref. de José Augusto Seabra, Lisboa, Assírio & Alvim, 1998.

Abrindo este livro ao acaso, caio num soneto que não traz a marca do lápis de Fernando Pessoa:

Le vierge, le vivace et le bel aujourd'hui
Va-t-il nous déchirer avec un coup d'aile ivre
Ce lac dur oublié que hante sous le givre
Le transparent glacier des vols qui n'ont pas fui!

Un cygne d'autrefois se souvient que c'est lui
Magnifique mais qui sans espoir se délivre
Pour n'avoir pas chanté la région où vivre
Quand du stérile hiver a resplendi l'ennui.

Tout son col secouera cette blanche agonie
Par l'espace infligée à l'oiseau qui le nie,
Mais non l'horreur du sol où le plumage est pris.

Fantôme qu'à ce lieu son pur éclat assigne,
Il s'immobilise au songe froid du mépris
Que vêt parmi l'exil inutile le Cygne.

O virgem, o vigoroso e o belo hoje
Vai nos rasgar com um bater de asas ébrio
Este duro lago esquecido que assombra sob neves
A translúcida geleira dos vôos que não fugiram!

Um cisne de outrora lembra que é ele
Glorioso mas que sem esperança se entrega
Por não ter cantado a região na qual viver
Quando do estéril inverno resplendeu o tédio.

Todo o seu colo expulsará esta branca agonia
Pelo espaço infligida ao pássaro que o nega,
Mas não o horror do solo onde as plumas se prendem.

Fantasma cujo puro brilho a este lugar designa
Ele se imobiliza no sonho frio do desprezo
Que veste em meio ao exílio inútil o Cisne.

A Gaveta de Laca

Em 1887, ano em que Dujardin se decide a fazer a famosa edição fotolitografada das *Poesias*, o poeta está engajado em outro projeto: uma recolha de poemas em prosa ilustrada por vários pintores impressionistas: *Le Tiroir de Laque*. Renoir se encarregaria de "Fenômeno Futuro", Monet de "A Glória", Berthe Morisot de "O Nenúfar Branco". Degas traria uma bailarina para o conjunto e a capa estava a cargo do litógrafo John Lewis Brown.

O volume seria publicado somente em 1891, com o título de *Pages* [*Páginas*], contendo apenas uma estampa de Renoir – um nu feminino – e, além de poemas em prosa, textos sobre teatro e poesia recolhidos, depois da morte de Mallarmé, em outros livros.

O Teatro do Livro

Patrick Besnier[39] observa que, por volta de 1883, Mallarmé era "um escritor sem livro": com efeito, além da fracassada edição de *O Corvo*, e do *Fauno* feito para um pequeno grupo de eleitos, não está a obra de Mallarmé, nesse momento, inscrita apenas no Sonho e esparsa em revistas e jornais às vezes de duração efêmera?

E no entanto o poeta se habituara, desde 1875, a receber, às terças-feiras, um grupo de eleitos em seu pequeno apartamento da rue de Rome, lugar que as fotos nos mostram pulsante de lembranças preciosas: os tapetes persas comprados em Besançon, o espelho de cristal que aparece na famosa fotografia de Degas, um tesouro de obras impressionistas nas paredes, uma cama de ferro batido, o gabinete japonês de laca em cujas gavetas estão guardadas as anotações para *O Livro*.

---

39. Patrick Besnier, *Mallarmé, le Théâtre du Livre*, Paris, Éditions du Limon, 1998.

Pierre Louÿs, então uma jovem promessa literária, nos deixou uma planta desse apartamento, indicando o local onde Mallarmé se reunia com um grupo de escritores para conversar sobre tudo e nada: na sala de jantar. Às dez horas, Vève servia discretamente um grogue aos convidados, e não é difícil imaginar Madame Mallarmé atravessando o corredor com um leque na mão – mas aquele era um espaço essencialmente de homens, famosos ou não, e o estojo com tabaco sobre a mesa o deixa claro: Wilde, de passagem por Paris, Whistler; toda a geração simbolista, dos velhos mestres como Verlaine aos jovens Régnier, Louÿs, Vielé-Griffin. Jarry, Gide, Valéry, Claudel, ainda desconhecidos.

Na sala de jantar imersa em fumaça azulada, à luz de um lampião tamisada por um xale, Mallarmé, até então simples espectador, levanta-se e toma da palavra, literalmente: apoiando-se no aquecedor, divaga sobre um tema, disserta, volta ao ponto de partida, constrói, com sua voz irônica e um pouco afetada, constelações de textos para sempre perdidos; o Texto, talvez, por excelência.

Manuais Didáticos

Na carta endereçada a Verlaine, conhecida como "Autobiografia", Mallarmé observa, rapidamente: "Vi-me obrigado a fazer, em momentos de dificuldades ou para adquirir ruinosas canoas, trabalhos úteis e eis tudo (*Les Dieux Antiques*, *Mots Anglais*) o de que convém não falar [...]".

As Estruturas do Sonho

Ao longo de toda a sua vida, Mallarmé elaborou obras monumentais que nunca lançou sobre o papel; assim, um *Estudo sobre a Palavra*, uma tese a ser defendida na Sorbonne, "dedicada à memória de Baudelaire e à de Poe"[40], uma trilogia anunciada a Cazalis numa carta de 3 de março de 1871:

---

40. Carta a Catulle Mendès, datada de 22 de maio de 1870, *Corresp.*, p. 475.

A CINERÁRIA ÂNFORA   63

Um volume de Contos, sonhado. Um volume de Poesia, entrevisto e trauteado. Um volume de Crítica, ou seja, aquilo que antes se chamava o Universo, considerado do ângulo exclusivamente *literário*.

Outro projeto, longamente acalentado no ano de 1877, nos permite ver o quanto esses sonhos estão ligados à concepção da Grande Obra: numa carta a Sarah Helen Whitman, o poeta conta estar engajado na busca de um "teatro inteiramente novo", no qual se fusionariam todos os gêneros, "drama mágico, popular e lírico". Comentando esse pequeno delírio sem dúvida insensato, pelo qual Mallarmé estaria disposto a "tocar fogo, como Nero, nos três cantos de Paris", Steinmetz escreve:

Isso é certamente enumerado para correspondentes estrangeiros, diante dos quais ele [Mallarmé] apresenta-se como um grande conquistador, capaz de subverter a França literária. Ora, nada restará de tão grandes esforços; e seus confidentes mais próximos ignorarão tais projetos, embora alguns fragmentos salvos de *O Livro* tragam vestígios de uma visão teatral posta de acordo com o ritmo das estações (o drama representado em datas fixas) e suas futuras reflexões sobre a arte dramática imaginem às vezes uma arte total. Mallarmé parece ter sonhado mais com uma estrutura do que com um conteúdo; com uma organização formal mais do que com uma intriga. À maneira daqueles que o Irremediável espreita, ele acaricia a esperança de escapar assim a si mesmo, pobre e limitado, desejando reaparecer "como um homem desconhecido e novo", no momento mesmo em que Manet acaba de fazer dele um retrato insuperável e o célebre Nadar prepara-se para fotografá-lo[41].

O Lance de Dados

Publicado na revista *Cosmópolis* em 1897, *Um Lance de Dados Jamais Abolirá o Acaso* deveria aparecer no ano seguinte sob forma de livro, com litografias de Odilon Redon, projeto jamais levado a bom termo: o pintor se sentia desesperadamente incapaz de uma interpretação visual do poema; e Mallarmé,

---

41. Steinmetz, *op. cit.*, p. 188.

64 OS ANOS DE EXÍLIO DO JOVEM MALLARMÉ

antes de rever as provas, recebe a visita da morte, que lhe concede alguns minutos para rabiscar um bilhete:

[Valvins, 8 de setembro de 1898]

Recomendação quanto a meus Papéis.
(Para quando o lerem minhas queridas.)

Mãe, Vève,

O espasmo terrível de sufocação sofrido há pouco pode se reproduzir durante a noite e triunfar sobre mim. Então, vocês não se espantarão ao me ver pensar na pilha semissecular de minhas notas, a qual só se tornará um grande estorvo para vocês; estejam certas de que nem uma só folha pode ter utilidade. Eu mesmo, o único, poderia extrair daí o que há... Eu o teria feito se os últimos anos que faltam não me tivessem traído. Queimem, conseqüentemente: não existe aí herança literária, pobres crianças. Não a submetam sequer à apreciação de alguém: ou recusem toda ingerência curiosa ou amiga. Digam que não se decifrava nada, o que é verdade, no fundo, e, vocês, minhas pobres abatidas, os únicos seres no mundo capazes a este ponto de respeitar toda uma vida de artista sincero, creiam que isto deveria ser muito belo.

Assim, não deixo uma só folha inédita, com exceção de alguns fragmentos impressos que vocês encontrarão depois de *Um Lance de Dados* e de *Herodíade*, terminada se a sorte quiser.

Meus versos são para Fasquelle, aqui, e Deman, se ele quiser se limitar à Bélgica:

Poesias e Versos de Circunstância
com *A Tarde de um Fauno*
e *As Núpcias de Herodíade*.
Mistério.

O Livro, Hipérbole dos Livros

Durante toda a sua vida, Mallarmé foi o prisioneiro consciente da circunstância: *La Dernière Mode* – de acordo com as palavras do cronista que ora assina Ix, ora se apodera de um nome de mulher para produzir "deliciosos" momentos de mundanidade – não passa de um conjunto de textos "que são literatura durante

A CINERÁRIA ÂNFORA

uma semana ou duas"; e, ao entregar ao público suas *Divagations*, o poeta observa, com certa melancolia, não ser aquele um livro "como os que ama": falta-lhe estrutura, é uma reunião de peças heteróclitas, escritas no dia-a-dia do crítico, do jornalista, do prosador. Stéphane Mallarmé compõe quadrinhas sobre envelopes, indicando endereços; autografa sonetos em álbuns de mocinhas e produz também este cúmulo, um leque-poema, tão próximo do "livro-objeto" que, anos depois, André Breton encontraria ao percorrer, num sonho, a loja de um livreiro. Mallarmé é autor de livros que se chamam *Pages*, de um *Mots Anglais* dedicado a ginasianos, de obras que são, já ao serem publicadas, peças raras para bibliófilos: *O Corvo*, ilustrado por Manet, a luxuosa edição de *L'Après-midi d'un Faune*, de 1876.

E, no entanto, este homem estava, desde a crise de 1866 (*j'ai presque perdu la raison*, escreve então a um amigo), empenhado em tornar realidade (se tal palavra tem algum sentido neste contexto) *a horrível visão de uma obra pura*.

Ora, uma série de textos inéditos de Mallarmé, publicados por Jacques Scherer em 1957, parecem confirmar o que já podia ser deduzido de alguns escritos do poeta e, sobretudo, de sua correspondência: ao compulsar, pela primeira vez, um conjunto de *preciosas e frágeis folhas* que fazia parte do acervo inédito de Mallarmé, seu futuro editor intuía a existência real, se assim podemos nos expressar, do Livro.

O "mundo", pode-se ler numa das frágeis e preciosas páginas, tão respeitosamente manipuladas por Scherer, "existe para conduzir ao Livro". E, na folha 181, esta observação: "um livro não começa nem termina: no máximo, ele simula".

Os "livros comuns" não passam de "álbuns": derivam da circunstância, são pessoais. Mas o Livro, livre enfim do particular contingente, subsume a totalidade do Ser – é o contrário do álbum; ordenado segundo a mais rigorosa das estruturas, escapa ao Acaso, ao Sonho. E essa totalidade é também, paradoxalmente, Nada.

O que sucedeu, entretanto, com aquelas folhas frágeis e preciosas, quando finalmente publicadas pelo cuidadoso Jacques Scherer? Um pensamento que se procurava no movimento das indagações e na desordem das notas imobiliza-se debaixo da sóbria capa da prestigiosa editora Gallimard: abole-se, mas a que preço, Acaso e Sonho.

2

No Oblívio da Moldura

Auto-retratos, Fotos de Estúdio e Instantâneos

Quando eu o olhava, àquele retrato [de Mallarmé pintado por Manet], afixado à parede da sala de jantar onde [o poeta] recebia seus convivas às quartas-feiras, não conseguia me impedir de pensar na peça que ele me havia pregado, ele, ou antes sua reprodução em *Os Poetas Malditos*, de Verlaine, antes que eu fosse aceito nas sessões de terça-feira. Assíduo freqüentador de concertos dominicais, acontecia-me muitas vezes ficar sentado ao lado de um ouvinte que se parecia, traço por traço, com a efígie que Manet havia pintado de Mallarmé e, enganado por essa semelhança, eu tinha me persuadido de que um maravilhoso acaso me oferecia como vizinho o poeta que eu admirava. Ah! este Mallarmé imaginário, com que curiosidade, com que respeito eu o olhava de soslaio! Como eu desejaria lhe falar, dizer-lhe o meu fervor de jovem versejador, mas a timidez me tolhia, e, à saída do concerto, eu me contentava com segui-lo na rua, para vê-lo por um instante ainda!

Henri de Régnier, "Les Portraits de Mallarmé".

Se ela não tivesse inscritas estas palavras: *A J.-M. de Heredia, seu amigo, Stéphane Mallarmé*, eu certamente não teria reconhecido, na pequena fotografia que tenho diante dos

68   os anos de exílio do jovem mallarmé

olhos, o poeta de *Herodíade*. Ele é representado de meio-cor-
po, sentado e com as mãos cruzadas numa pose muito sim-
ples. A roupa se abre sobre um colete do mesmo tecido. No
colarinho uma gravata sem pretensão. O pescoço é magro, mas
o rosto de um oval bastante pleno. A boca, com lábios bastan-
te fortes, é sombreada por um leve bigode. O nariz é fino, os
olhos são doces e tristes, e uma expressão de cansaço derra-
ma-se sobre todo o rosto, enquadrado por uma farta cabeleira,
que põe à mostra uma fronte nobre e esconde uma parte da
orelha sob sua voluta. É uma encantadora figura de homem
jovem e melancólico, paciente e sonhador. E comove, atrai e
nos prende.

RÉGNIER, art. cit.

Perdi ainda criança, aos sete anos, minha mãe, adorado
por uma avó que inicialmente me educou; depois, atravessei
muitas pensões e liceus, a alma lamartiniana com o secreto
desejo de substituir, um dia, Béranger, porque eu o tinha en-
contrado numa casa amiga. Parecia complicado demais para
executar, mas durante muito tempo tentei em cem cader-
ninhos de versos que foram sempre confiscados, se tenho boa
memória.

MALLARMÉ, carta a Verlaine, dita "Autobiografia".

Stéphane, entretanto, perde sua mãe aos cinco anos (e não
aos sete).

CHARLES MAURON, Mallarmé par lui-même.

Ele [Mallarmé] se revê em 1847, sua mãe morta ao voltar
de uma viagem à Itália, morte que o deixou bastante indiferen-
te, em razão de sua idade. Alguns dias depois do acontecimen-
to, sua avó o chamou à sala onde recebia uma visita, e como
essa pessoa falava da desgraça acontecida, a criança, embara-
çada com sua ausência de sofrimento, que não lhe dava a postu-

ra esperada, decidiu rolar no tapete agitando os longos cabelos que lhe batiam nas têmporas.

Testemunho de GONCOURT, recolhido por RÉGNIER, *art. cit.*

Mallarmé me falou da pensão onde foi educado, uma pensão muito aristocrática, muito nobiliária. Encontravam-se ali, sem dificuldade, os Talleyrand-Périgord ou os Clermont-Tonnerre. Assim, à sua chegada e diante do nome burguês de Mallarmé, ele foi acolhido por socos e surras. Teve então a idéia de dizer que se chamava marquês de Boulainvilliers (seu pai tinha em Passy uma propriedade com esse nome). A partir de então, assim foi ele designado e era sob esse apelido que o chamavam ao parlatório.

RÉGNIER, *op. cit.*

O sobrenome de Mallarmé [...] podia parecer pesado a carregar, na medida em que se prestaria à irônica constatação de uma impotência. [...] "Lembro-me de ter-lhe perguntado" [conta Robert Harborough Sherard] "se seu nome não teria origem nas duas palavras *mal* e *armado* [*malarmado*]. Essa etimologia poderia fazer remontar sua ascendência até os dias guerreiros e cavaleirescos, até algum cavaleiro mal armado que, apesar da sua miserável farpela, teria talvez realizado gestas heróicas." O etimologista amador apreciava, como se vê, as invenções romanescas. Longe, contudo, de aceitá-las, Mallarmé parece ter revelado naquela circunstância sua própria interpretação da palavra, um tanto estranha, mas com a preocupação de explicar os dois *l*: "Sempre acreditei que meu nome provinha das duas palavras *mal* e *larmé* – o homem das lágrimas malignas".

JEAN-LUC STEINMETZ, *Stéphane Mallarmé.*

Referindo-se a Ettie Yapp, por quem seu amigo Cazalis estava apaixonado, Mallarmé escreve, numa carta datada de 1º de julho de 1862: [...] Sim, ela ocupará em meus sonhos um lugar ao lado de todas as Chimène, Beatriz, Julieta, Regina, e, o que é melhor, no meu coração, junto a este pobre jovem fantasma, que foi durante treze anos minha irmã, e que foi a única pessoa que eu adorei, antes de os conhecer a vocês todos: ela será meu ideal na vida. Como minha irmã o é na morte.

O verdadeiro elo vivo com o núcleo de comunhão materna foi Marie, a irmã de Stéphane, mais jovem do que ele dois anos.

CHARLES MAURON, *Mallarmé par lui-même.*

Eu amo este céu sempre cinzento, não se tem necessidade de pensar. O azul e as estrelas me aterrorizam. Estamos em casa, aqui, e Deus não nos vê. Seu espião, o Sol, não ousa arrastar-se.

MALLARMÉ a Cazalis, carta datada de Londres, 14 de novembro de 1862.

Ó meu pobre amigo! tanto chorei desde ontem que me sinto enfermo, e minha pobre Marie [*Christina Maria Gerhard, futura esposa de Mallarmé, com a qual ele havia partido para a Inglaterra no dia 8 de novembro de 1862*] não tem mais lágrimas. [...] Quando abracei Marie, ao voltar para casa, ela estava tristíssima. Eu lhe perguntei a causa de sua mágoa, e compreendi que ela havia refletido longamente durante minha ausência: "Devo partir!", me disse com doçura.

MALLARMÉ a Cazalis, carta datada de Londres, 4 de dezembro de 1862.

Oh! eu choro, eu choro, meu pobre amigo, ao escrever tudo isso! Choro desde a manhã; não tenho um só instante de repouso: quando olho para ela, rebento em lágrimas.

IDEM, ibidem.

Quanto a ele [Mallarmé em Tournon, aos 23 anos de idade], doce e miserável, entre a mulher e a filha pequena, vive com tanta decência quanto pode, faz seu trabalho sem muita consciência e sofre adequadamente do mal da metade do século: "Estou tão fraco que minha cabeça cai sobre o peito. Arrasto-me como um velho. Sou um morto, um cadáver. A doença da idealidade não me entrega nem mesmo ao tédio, que imploro e com o qual sonho. Sou um impotente do tédio".

JEAN-PAUL SARTRE, "L'Élu", ensaio que é também uma biografia romanceada, e no qual o filósofo atribui a Mallarmé essa frase na realidade inteiramente construída a partir de fragmentos da correspondência e da obra do poeta de "Ses pur ongles...".

Mon Henri:

Maria, a minha alemãzinha, saiu um minuto deixando suas meias remendadas sobre meu Baudelaire. Isso me diverte tanto que não consigo tirá-lo dali e começo a responder à tua carta.

Carta de MALLARMÉ a Cazalis, datada de quarta-feira, 9 de dezembro de 1863.

Ele [Mallarmé em 1865] era pequeno, enfermiço, com, numa face ao mesmo tempo severa e dolorosa, doce na amargura, destroços de miséria e decepção. Tinha mãozinhas finas e um dandismo (meio cortante e frágil) de gestos. Mas seus olhos mostravam a pureza das criancinhas [...]. Passando a impressão de não dar a menor importância às coisas tristes que me dizia, contou-me que tinha vivido um longo tempo muito infeliz em Londres [...]. Depois me deu versos para ler. Estavam escritos com uma letra fina, correta e infinitamente minuciosa num desses caderninhos encadernados com papelão imitando couro, fechado por um fivelazinha de couro. Fiquei deslumbrado.

CATULLE MENDÈS, *Relatório sobre a Poesia Francesa.*

Quanto a mim, estou de volta ao meu exílio – e menos triste, primeiro por rever minha mulher depois de uma longa ausência; depois porque esperamos esse baby que, segundo você diz, vai me fazer renascer –, mas também porque vou trabalhar na minha Herodíade [palavra não sublinhada, sem indicação, portanto, de se tratar de uma obra] – e depois porque tenho uma adorável amante, branquinha, e que se chama Neve. É uma gata de raça, linda e que eu beijo o dia inteiro no nariz cor-de-rosa. Ela apaga meus versos com sua cauda, passeando na mesa enquanto eu escrevo.

Acrescento que estou rabiscando isto ao canto dos tentilhões de Bengala que trouxe para minha mulher – e você compreenderá como devemos ser felizes, em família, ou num pátio de criação de animais, como você preferir.

Carta a Théodore Aubanel datada de 13 de outubro de 1864.

Então Mallarmé, com sua serenidade sorridente, esboçou um desses gestos (com algo de eclesiástico e de dançarina), com os quais ele sempre dava a impressão de *entrar* na conversação, como se entra em cena.

GEORGES RODENBACH, artigo necrológico do Figaro,
cit. por Patrick Besnier.

MALLARMÉ. Saído dos amores teratológicos da senhorita Sangalli, do padre Didon e do ilustre Sapeck[1].

Caricatura de Mallarmé publicada num jornal satírico em 1886.

M. STÉPHANE MALLARMÉ. – Um dos literatos geralmente mais estimados do mundo das letras, com Catulle Mendès. Altura média, barba começando a embranquecer, cortada em ponta, um grande nariz reto, orelhas longas e pontudas de sátiro, olhos largamente talhados, com um brilho extraordinário, uma expressão singular de fineza temperada por um enorme ar de bondade. Quando fala, o gesto sempre acompanha a palavra, um gesto harmonioso, pleno de graça, de precisão, de eloqüência; a voz arrasta-se ligeiramente no final das palavras, suavizando-se aos poucos: um grande encanto desprende-se desse homem no qual se adivinha um imarcescível orgulho, planando

---

1. Rita Sangalli era uma conhecida dançarina e o Padre Didon, pregador.

sobre tudo, um orgulho de deus ou de iluminado, diante do qual é preciso inclinar-se logo, interiormente, quando o compreendemos.

JULES HURET, apresentando Mallarmé, *Écho de Paris*, 1891.

Perguntei, antes de partir, a M. Mallarmé, os nomes daqueles que representam, segundo ele, a evolução poética atual.

– Os jovens, respondeu, que me parecem ter feito obra de mestria, isto é, obra original, não se ligando a nada de anterior, são Morice, Moréas, um delicioso cantor, e, sobretudo, o que até aqui fez os maiores esforços, Henri de Régnier, que, como de Vigny, vive afastado, distante, no recolhimento e no silêncio, e diante do qual eu me inclino com admiração. Seu último livro: *Poemas Antigos e Romanescos* é uma pura obra-prima.

MALLARMÉ, entrevista citada.

Eu abomino as escolas e tudo o que com elas se parece: repugna-me tudo o que é professoral aplicado à literatura que, ela, ao contrário, é inteiramente individual. Para mim, o caso de um poeta, nesta sociedade que não lhe permite viver, é o caso de um homem que se isola para esculpir seu próprio túmulo.

IDEM, ibidem.

Uma fotografia de Mallarmé e Renoir, por Degas, diante de um espelho de cristal, no apartamento da rue de Rome: Mallarmé e Renoir, embora sem chapéu, estão usando suas roupas pretas de burgueses, com as feições e cabelos claramente delineados, enquanto a superfície esbranquiçada do espelho captura o contorno de duas mulheres [Madame Mallarmé e Vève] e obscurece seus rostos. A posição de Mallarmé [o pintor aparece sentado e o poeta de pé ao lado do espelho, rosto visto de três quartos] não apenas reenvia à observação de Edmond Duranty, segundo a qual "mãos no bolso podem ser algo eloquente", como também nos lembra o homem encostado contra uma porta no *Interior* de Degas.

No balé, a indumentária é parte integrante do papel, e é possível, se pensarmos na natureza espetacular da moda, estender às mulheres em geral o conceito de vestimenta como performance: oposta ao "ar livre" do pintor, a atmosfera, quando evocada por vestes, é fundamentalmente artificial. Tanto a importância do gênero nas descrições de Degas por Mallarmé quanto a atmosfera cênica envolvendo mulheres mostram-se claramente na fotografia de Renoir e Mallarmé feita por Degas. A atmosfera em torno das mulheres é, como se pode notar, não o ar, mas o reflexo do espelho – uma atmosfera teatral. Degas é a única figura masculina no interior desse quadro, mas apenas deduzida pela presença da caixa negra e um corpo espectral, esvanecido, de modo que é especificamente sua *arte* que o localiza no domínio do feminino.

A câmera não é exatamente uma *gaveta de laca*, mas certamente uma caixa de truques. A atmosfera teatral desta sessão – o brilho da luz, as poses, as múltiplas molduras – sublinha mais o caráter artificial do que a naturalidade do processo fotográfico.

Valerie Mendelson Moylan, "The Lacquered Box:
Degas, Mallarmé and the Camara".

Partimos para o campo. O poeta "artificial" colhia as mais ingênuas flores. Tinha os braços carregados de acianos e papoulas. O ar era flama; o esplendor, absoluto; o silêncio cheio de vertigens e trocas; a morte impossível ou indiferente; tudo formidavelmente belo, abrasador e dormente; e as imagens do solo tremiam.

Sob o sol, na imensa forma do céu puro, eu sonhava com um recinto incandescente onde nada de evidente subsiste, ou nada dura, mas onde nada cessa; como se a própria destruição a si mesma se destruísse, apenas realizada. Eu perdia a sensação da diferença entre o ser e o não-ser. A música às vezes nos impõe essa impressão, que está além de todas as outras. A poesia, pensava eu, não é ela também o supremo jogo da transmutação das idéias?

Mallarmé me apontou a planície que o verão precoce começava a dourar: "Veja", disse ele, "é o primeiro toque de címbalo do outono sobre a terra".

Quando chegou o outono, ele não era mais.

VALÉRY, "Dernière Visite a Mallarmé", em *Variétés II*.

3

O Sonho Queimado pela Fênix

Na Encruzilhada dos Ventos

Meu Henri

Marie, a minha alemãzinha, saiu um minuto deixando suas meias remendadas sobre meu Baudelaire. Isso me diverte tanto que não consigo tirá-lo dali e começo a responder à sua carta.

Na dispersão da correspondência, no dia-a-dia do "grande homem", algo de vagamente inquietante se manifesta para o leitor habituado ao poeta sibilino de "Ses purs ongles...": quem é o destinatário dessas palavras, familiarmente designado por Henri? Quem, a *petite Allemande* ocupada a cerzir meias ao lado do vate ainda desconhecido, numa noite de inverno? E a despedida rabiscada no final da folha, este *Tuus Stéphane*, não concede ao missivista uma graça de rapaz recém-saído da escola?

Mallarmé, que em dezembro de 1863 é um desconhecido com 21 anos de idade, situa-se assim na moldura banal de um quadro pequeno-burguês e interiorano, do qual faz parte essa mulher que acaba de sair de cena em silêncio, destinada a ser um reflexo no fundo especular da vida do poeta, como na famosa foto de Degas: é Christina Maria Gerhard, Marie, que, numa fotografia de estúdio datada de 1863, já tem, aos vinte e

78 OS ANOS DE EXÍLIO DO JOVEM MALLARMÉ

oito anos, uma certa "graça dos seres sem viço", e que Mallarmé chamará, primeiro de irmã e mais tarde de mãe.

Os recém-casados tinham desembarcado em Tournon no dia 6 de dezembro: uma cidadezinha ingrata, distante de Paris, hostil sob o céu de inverno, como que varrida por todos os ventos da Europa. No dia seguinte, Stéphane Mallarmé penetra no venerável liceu onde exercerá, durante três anos *spleenéticos*, as funções de professor de inglês; e insisto pela terceira vez no adjetivo, que sublinho. Na quarta-feira, ele escreve esta carta a Henri Cazalis, jovem poeta com quem entrara em contato no início do ano, por intermédio do amigo comum des Essarts:

[...] e começo a responder à tua carta. – Marie melhorou bastante: já se parece com uma rosa-chá. Quando seu sangue vai recuperar todo o seu frescor? – Sou eu quem ainda está doente. Estou estropiado por reumatismos, por eles preso à minha poltrona. Pago uma dívida a este horrível vento que desola eternamente Tournon. Venta a ponto de arrancar os cornos de todos os maridos em quatrocentas léguas em torno.

Meus pés doem, e não consigo andar: as mãos também, e não poderei continuar te escrevendo por muito tempo; as costas; e não ouso me reclinar para a frente, e tenho medo de respirar. Na janela, há corvos que me devoram com os olhos, e esperam. – Só lhe falo de minha carcaça, em breve, de minha alma e coração.

Eu te abraço, e Marie aperta-lhe a mão.

Tuus

Stéphane

– Diga às senhoras Gaillard que lhes escreverei quando tiver remoçado e que, esperando, eu as amo.

– Faça uma assinatura (por 5 francos) da *Revue Nouvelle* (17, rue Benoît), ou leia-a no Café, o que é mais barato. É a verdadeira revista dos jovens. Há no primeiro número maravilhas de Banville, Cladel, Mendès, Glatigny, etc.

Numa carta não-datada, mas provavelmente de 11 ou 12 de dezembro (sexta-feira ou sábado), ele se dirige a Albert Collignon – jovem jurista que acaba de fundar essa *Revue Nouvelle* –

ao qual explica que, estando ainda alojado no hotel, tinha-lhe sido impossível abrir as malas e portanto não pudera traduzir os três poemas de Poe destinados à publicação do amigo, que elogia com vivacidade: "Este primeiro número é deslumbrante: quantos nomes amados, que lindas coisas!". Anuncia estar enviando um *terza rima*, provavelmente *Haine du pauvre* ou *À un mendiant*, poemas ainda com uma forte marca da estética baudelairiana. Ao se despedir, faz referência a seus "reumatismos", ao "horrível fosso de Tournon", essa Tournon localizada – anota ele numa carta a Cazalis – "no caminho de todos os ventos da Europa".

Todo Mallarmé nessas primeiras cartas: por definição, o escritor, o poeta. O homem atento às coisas miúdas da vida. O hipocondríaco. O exilado. Projetadas na parede, as sombras de Baudelaire e Edgar Poe.

No começo de janeiro Mallarmé envia a Cazalis uma cópia de *Azur*, jóia do exílio em Tournon:

De l'éternel Azur la sereine ironie
Accable, belle indolemment comme les fleurs,
Le poète impuissant qui maudit son génie
À travers un désert stérile de Douleurs.

Fuyant, les yeux fermés, je le sens qui regarde
Avec l'intensité d'un remords aterrant,
Mon âme vide. Où fuir? Et quelle nuit hagarde
Jeter, lambeaux, jeter sur ce mépris navrant?

Brouillards, montez! versez vos cendres monotones
Avec de longs haillons de brume dans les cieux
Que noiera le marais livide des automnes
Et bâtissez un grand plafond silencieux!

Et toi, sors des étangs léthéens et ramasse
En t'en venant la vase et les pâles roseaux,
Cher Ennui, pour boucher d'une main jamais lasse
Les grands trous bleus que font méchamment les oiseaux.

Encor! que sans répit les tristes cheminées
Fument, et que de suie une errante prison
Éteigne dans l'horreur de ses noires traînées
Le soleil se mourant jaunâtre à l'horizon!

– Le Ciel est mort. – Vers toi, j'accours! Donne, ô matière,
L'oubli de l'Idéal cruel et du Péché
À ce martyr qui vient partager la litière
Où le bétail heureux des hommes est couché.

Car j'y veux, puisque enfin ma cervelle, vidée
Comme le pot de fard gisant au pied d'un mur,
N'a plus l'art d'attifer la sanglotante idée,
Lugubrement bâiller vers un trépas obscur...

En vain! l'Azur triomphe, et je l'entends qui chante
Dans les cloches. Mon âme, il se fait voix pour plus
Nous faire peur avec sa victoire méchante,
Et du métal vivant sort en bleus angelus!

Il roule par la brume, ancien et traverse
Ta native agonie ainsi qu'un glaive sûr;
Où fuir dans la révolte inutile et perverse?
Je suis hanté. L'Azur! l'Azur! l'Azur! l'Azur!

Do eterno Azul a serena ironia
Abate, ociosamente bela como as flores,
O poeta impotente que maldiz seu gênio
Em meio a um deserto estéril de Dores.

Fugindo, olhos fechados, eu o sinto que espreita,
Com a intensidade de um remorso aterrador,
Minha alma vazia. Aonde fugir? Que noite feroz
Lançar, trapos, lançar sobre tal desprezo em chagas?

Névoas, erguei-vos! vertei monótonas cinzas
Com imensos farrapos de bruma nos céus
Que o lívido charco dos outonos afogará
E levantai um grande teto silencioso!

E tu, sai dos pântanos letais e recolhe,
Ao cercarem-te, o lodo e os caniços pálidos,
Caro Tédio, para tapar, com infatigável mão
Os furos azuis feitos por malévolas aves.

Ainda! que sem descanso as tristes chaminés
Exalem, e que de fuligem errante prisão
Apague no horror de rastos enegrecidos
O sol agonizando alaranjado no horizonte.

– O Céu morreu. – Acorro a ti! Dá, ó matéria,
Esquecimento do Ideal cruel e do Pecado
A este mártir que vem partilhar o leito
Onde o rebanho feliz dos homens se deita;

Ali eu quero, pois meu cérebro, esvaziado enfim
Como o frasco de cosmético ao pé de um muro,
Não tem mais a arte de atrair a soluçante Idéia,
Bocejar lugubremente até obscuro trespasse...

Em vão! o Azul triunfa, eu o escuto cantando
Nos sinos. Minha alma, ele se faz som para mais
Nos fazer medo com sua malévola vitória,
E rompe do vivo metal em ângelos azuis!

Ele rola na bruma, antigo, e atravessa
Tua nativa agonia como um gládio certeiro;
Onde fugir na revolta inútil e perversa?
Fui possuído. O Azul! o Azul! o Azul! o Azul!

Afirma-se, com "Azur", uma estética que o poeta faz derivar do Poe de *A Filosofia da Composição*:

[...] este poema me deu muito trabalho porque, expulsando mil graciosidades líricas e belos versos que assombravam sem cessar meu cérebro, eu quis permanecer implacavelmente no meu assunto. Eu te juro que não há uma só palavra que não me tenha custado muitas horas de pesquisa, e que a primeira palavra, que reveste a primeira idéia, além de orientar-se para o efeito geral do poema, serve ainda para preparar o último. O efeito produzido, sem uma dissonância, sem nenhum floreio, mesmo adorável, que distraia – eis o que procuro. – Estou certo, tendo lido os versos para mim mesmo, duzentas vezes talvez, que ele foi alcançado. Resta o outro lado a considerar, o lado estético. É belo, há um reflexo de Beleza?

Já fiz referência à carta datada de 3 de março de 1864, na qual o poeta anuncia o envio de um caderninho contendo, copiados à mão, um conjunto de poemas:

Les Fenêtres [As Janelas]
Le Guignon [O Mau-Olhado]
Les Fleurs [As Flores]
À une Putain [A uma Puta]
Mon âme vers ton front... [Minha Alma para tua Fronte...]
L'Azur [O Azul]
Vere Novo [Vere Novo]
Tristesse d'Été [Tristeza de Verão]
À un Mendiant [A um Mendigo]
Le Château de l'Espérance [O Castelo da Esperança]
Le Pitre Châtié [O Palhaço Castigado]
Le Sonneur [O Sineiro]
Las de l'amer repos... [Lasso do Amargo Repouso...]

Treze poemas, número pelo qual Mallarmé parece ter uma singular predileção, cabalístico por excelência, que a edição do *Parnaso Contemporâneo* reduzirá a uma dezena, silenciando três badaladas caras aos loucos, aos poetas, aos obsessivos.

Os lamentos continuam a ressoar nas cartas endereçadas ao amigo Cazalis: "o tédio me invadiu completamente" (23 de março); ele e Maria não são dois, mas um: ela chora "quando eu choro e entedia-se quando tenho spleen. Ela é minha sombra angélica, paradisíaca, mas sua natureza afável não a transformaria numa lady Macbeth..." Torpor, tédio, alma enfraquecida e lassa, o jovem Mallarmé morre aos poucos numa cidadezinha da província francesa: "A ação é nula; roda-se num círculo estreito como cavalos idiotas de um circo de feira, ao som de que música, senhor Deus! Sem os tribunais, eu atearia fogo nas ignóbeis casas que vejo irremediavelmente de minha janela, a cada hora do dia, estúpidas e parvas: e como eu meteria uma bala, em certos momentos, no crânio embrutecido destes miseráveis vizinhos que fazem todos os dias a mesma coisa e cujas vidas fastidiosas combinam para meus olhos lacrimosos com o espantoso espetáculo da imobilidade, que derrama o tédio! – Sim, eu sinto que me afundo cada dia em mim mesmo: cada dia o desencorajamento me domina, morro de torpor".

É neste período que compõe poemas em prosa, certamente influenciado por Baudelaire, que começara a publicar os seus em jornais. Escreve uma série de textos consagrados a seus ídolos: uma *Symphonie Littéraire*, que aparecerá no número de 1º de fevereiro de 1865 de *L'Artiste* e só veria a reimpressão em 1927: Baudelaire, Gautier, Banville. Na abertura do "Baudelaire" mallarmeano, estas palavras assinadas por um rapaz de 22 anos:

> Musa da Impotência, que me proíbes há muito tempo o tesouro familiar dos Ritmos, e me condenas (amável suplício) a nada mais fazer do que reler, – até o dia em que me terás envolvido na tua irremediável rede, o tédio, e tudo então terminará, – os mestres inacessíveis cuja beleza me exaspera; minha inimiga, e contudo feiticeira de beberagens pérfidas de melancólicas embriaguezas, eu te dedico, como uma brincadeira ou, – saberia eu? – como prova de amor, estas poucas linhas de minha vida escritas em horas clementes em que não me inspiraste o ódio da criação e o estéril amor do nada.

Mallarmé vai a Avignon, faz uma pequena fuga até Versailles onde visita seus parentes Desmolins e em Paris revê Cazalis; entra em contato com escritores. Nesta ocasião, encontra-se com Catulle Mendés, cujo delicioso retrato do poeta copio aqui pela terceira vez:

> Ele era pequeno, enfermiço, com, numa face ao mesmo tempo severa e dolorosa, doce na amargura, destroços de miséria e decepção. Ti-

84 OS ANOS DE EXÍLIO DO JOVEM MALLARMÉ

nha mãozinhas finas e um dandismo (meio cortante e frágil) de gestos. Mas seus olhos mostravam a pureza das criancinhas [...] Dando a impressão de não dar a menor importância às coisas tristes que me dizia, contou-me que tinha vivido um longo tempo muito infeliz em Londres [...]. Depois me deu versos para ler. Estavam escritos com uma letra fina, correta e infinitamente minuciosa num desses caderninhos encadernados com papelão imitando couro, fechado por um fivelazinha de couro... Fiquei deslumbrado.

Mallarmé traz presentes de Paris, entre eles um pequeno relógio de pêndulo, de porcelana da Saxônia.

O Relógio de Porcelana da Saxônia

Marie, grávida, aguarda, na estação ferroviária de Tournon, o poeta que se surpreende ao vê-la tão fresca, mas já começando a perder a antiga esbeltez. Ele retoma quase imediatamente seus hábitos austeros de professor, poeta e missivista e num domingo, 9 de outubro de 1864, escreve a Cazalis: ainda não tivera tempo de se entediar; Marie o fizera renascer, e depois... "Se você visse como vivemos de um modo encantador, com nossos deliciosos pássaros, os peixes dourados, a gata branca, e, no meio de tudo isto, minha doce alemã, que vai de uns para os outros. Ela se deslumbrou com os belos objetos que eu lhe trouxe de longe, e não pára de contemplar o belo pequeno relógio de porcelana da Saxônia".

Quando vivia em Londres com Marie, atormentado ele por remorsos e ela talvez pelo medo, o casal tinha visto um desses relógios, que então custavam caro demais para o jovem estudante de inglês. Enfim na parede da sala, a pequena peça do tamanho de um punho reaparece em *Causerie d'Hiver* [*Conversação de Inverno*], poema em prosa talvez escrito nesse ano de 1864; publicado na *Revue des Lettres et des Arts* em 20 de outubro de 1867, retomado em 1872 (*Art Libre* de Bruxelas), esse texto recebeu, no número de 20 de dezembro de 1875 da *République des Lettres*, o título definitivo de *Frisson d'Hiver* [*Frêmito de Inverno*]:

Frêmito de Inverno

Este relógio-pêndulo de porcelana da Saxônia, que atrasa e soa 13 horas entre suas flores e deuses, a quem pertenceu? Lembre-se de que veio da Saxônia pelas longas diligências de outrora.

(Singulares sombras se suspendem às vidraças gastas)

E teu espelho de Veneza, profundo como uma fonte fria em margem de víboras desdouradas, quem nele se mirou? Ah! Estou certo de que mais de uma mulher banhou nesta água o pecado da sua beleza; e talvez eu visse um fantasma nu, se olhasse longamente.

– Malvado, esse costume de dizer coisas maliciosas!

(Vejo teias de aranha no alto das grandes janelas)

Nossa arca também é muito velha: contempla como este fogo pinta de vermelho sua madeira triste; as cortinas surradas têm uma certa idade, e a tapeçaria das poltronas, despojadas de ouropéis, e as gravuras antigas das paredes, e todas as nossas velharias? Não te parece, até, que os tentilhões de Bengala e o pássaro azul desbotaram com o tempo?

(Não penses nas teias de aranha que estremecem no alto das grandes janelas)

Amas tudo isto e eis por que posso viver ao teu lado. Não desejaste, ó irmã de olhar de outrora, que num de meus poemas aparecessem estas palavras, "a graça das coisas sem viço"? Os objetos novos te desagradam; a ti também eles intimidam, com sua ousadia espalhafatosa, e sentirias ser necessário gastá-los, o que é bem difícil fazer para quem não aprecia a ação.

Vem, fecha teu velho almanaque alemão, que lês atentamente, embora ele tenha sido editado há mais de cem anos e os reis que ele anuncia estejam todos mortos, e, no antigo tapete deitado, a cabeça apoiada entre teus joelhos caridosos no vestido descorado, ó calma criança, conversarei contigo durante horas; não há mais campos e as ruas estão desertas, eu te falarei de nossos móveis... Estás distraída?

86 OS ANOS DE EXÍLIO DO JOVEM MALLARMÉ

(As teias de aranha tiritam no alto das grandes janelas.)

Sem insistir no fato de que talvez se prenuncie, neste, o misterioso salão de "Ses purs ongles...", e observando o quanto *Frisson d'Hiver* liga sem dúvida Mallarmé a um certo realismo dos anos sessenta por definição prosaico, e a toda uma estética do poema em prosa baudelairiano, não há dúvida de que todo um conjunto de índices – a cadência da prosa, sua fragmentação em estrofes inscritas nos moldes do poema versificado, assim como o uso obstinado do refrão – reenvia aqui ao nome de Aloysus (Louis) Bertrand [1807-1841], cuja obra-prima, *Gaspard de la Nuit*, fora editada em 1842 por Victor Pavia, a quem Mallarmé dirigia, em janeiro de 1866, esta carta reveladora:

Senhor:
Agradeço-lhe infinitamente ter reencontrado para mim um volume de Louis Bertrand. É um amigo que o senhor me entrega e talvez adivinhe qual pode ser minha gratidão.

Eu lhe pediria que fosse gentil no sentido de me informar o preço por meio de uma palavra lançada no correio ou escrita no verso de um envelope; o senhor o receberá imediatamente.

– Agora, antes de terminar esta carta, permita-me uma pergunta indiscreta. Por que não reedita *Gaspard de la Nuit*? Além do que haveria de nobre em fazer reflorescer a obra de um poeta, caído no esquecimento por uma verdadeira fatalidade, creio mesmo, graças ao ruído que fariam em torno meus Mestres e meus amigos que deploram seu abandono, que o senhor teria uma vantagem real.

Acredite, senhor, em minhas simpatias

STÉPHANE MALLARMÈ

Carta reveladora, com efeito de um poeta atencioso, cheio de cuidados em relação ao texto do criador do poema em prosa na França, mas também de um Mallarmé dono do estilo que já é o seu, em prosa: no movimento da frase, no uso dos travessões, na importância dos termos de relação e já no deslocamento brutal a que irá submetê-los futuramente. Assim, no original francês, o exasperante *selon*, que ora significa, em Mallarmé, *après*, ora *d'après*, em outros textos *dans* ou *avec*[1]. Mas esta carta me interessa sobretudo por colocar em evidência uma delicadeza um pouco distante que é a marca do poeta na sua relação com os outros e com o verbo, o gesto de recato sublinhando a frase, a polidez singular num escrito que poderia (deveria?) ser rápido na sua finalidade comercial.

Tinha me esquecido de anotar um dado importante para a compreensão do homem e do poeta: numa carta dirigida a Théodore Aubanel no dia 13 de outubro de 1864, Mallarmé anuncia que, embora de volta ao exílio em Tournon, sente-se melhor porque revê Marie depois de uma longa ausência, e porque Marie está esperando um filho, e porque vai trabalhar na sua Hérodiade [nome de mulher não sublinhado na carta] e

depois porque tenho uma adorável amante, branquinha, e que se chama Neve. É uma gata de raça, linda e que eu beijo o dia inteiro no nariz cor-de-rosa. Ela apaga meus versos com sua cauda, passeando na mesa enquanto eu escrevo.
Acrescento que estou rabiscando isto ao canto dos tentilhões de Bengala que eu trouxe para minha mulher – e você compreenderá como devemos ser felizes, em família, ou num pátio de criação de animais, como você preferir...

O Demônio da Analogia

Data do mesmo ano de 1864 o poema em prosa inicialmente intitulado *La Pénultième*, somente dez anos mais tarde publicado, com o título definitivo e *poesque* de *Le Démon de l'Analogie*:

---

1. Cf. Jacques Scherer, *Grammaire de Mallarmé*, Paris, Nizet, 1977.

88 OS ANOS DE EXÍLIO DO JOVEM MALLARMÉ

Palavras desconhecidas cantaram nos seus lábios, farrapos malditos de uma frase absurda?

Saí de meu apartamento com a sensação própria de uma asa deslizando sobre as cordas de um instrumento, arrastada e leve, que uma voz substituiu, pronunciando as palavras num tom descendente: "A Penúltima está morta", de modo que

A Penúltima

fecha o verso e

Está morta

soltou-se da suspensão fatídica mais inutilmente no vazio da significação. Dei alguns passos na rua e reconheci no som *nul* a corda tensa de um instrumento de música, que estava esquecido e que a gloriosa Lembrança certamente acabava de visitar com sua asa ou com uma palma e, o dedo no artifício do mistério, sorri e implorei de promessas intelectuais uma especulação diferente. A frase voltou, virtual, desprendida de uma queda anterior de pluma ou de ramo, doravante através da voz ouvida, até que finalmente articulou-se sozinha, vivendo de sua personalidade. Eu ia (não me contentando mais com uma percepção) lendo-a em final de verso, e, uma vez, por tentativa, adaptando-a à minha fala; logo pronunciando-a com um silêncio depois de "Penúltima" no qual encontrava incômodo gozo: "A Penúltima" e então a corda do instrumento, tão tensa no esquecer-se no som *nul*, partia-se sem dúvida e eu acrescentava à guisa de oração: "Está morta". Eu não descontinuava de tentar uma volta a pensamentos de predileção, alegando, para me acalmar, que, certamente, penúltima é o termo do léxico que significa a sílaba anterior à última dos vocábulos, e sua aparição, o resto mal abjurado de um labor de lingüística pelo qual cotidianamente soluça por interromper-se minha nobre faculdade poética: a própria sonoridade e o ar de mentira assumido pela pressa da fácil afirmação eram uma causa de tormento. Assediado, resolvi deixar as palavras de triste natureza errarem por si mesmas em minha boca, e eu seguia a murmurar com a entonação susceptível de condolência: "A Penúltima está morta, ela está morta, bem morta, a desesperada Penúltima", acreditando assim satisfazer a inquietude, e é não sem a secreta esperança de sepultá-la na amplificação da salmodia quando, terror! – de uma magia facilmente dedutível e nervosa – percebi que tinha, minha

O SONHO QUEIMADO PELA FÊNIX

mão refletida numa vidraça de loja nela fazendo o gesto de uma carícia que desce para alguma coisa, a própria voz (a primeira, que indubitavelmente fora a única).

Mas onde se instala a irrecusável intervenção do sobrenatural, e o princípio da angústia sob a qual agoniza meu espírito antes senhor foi quando vi, levantando os olhos, na rua dos antiquários instintivamente percorrida, que eu estava diante da loja de um violeiro vendedor de velhos instrumentos na parede, e, no chão, palmas amarelas e as asas dissimuladas na sombra, de pássaros antigos. Fugi, extravagante, pessoa condenada a usar provavelmente o luto pela inexplicável penúltima.

Enquanto redigia essa tradução, anotei muitas vezes, nas margens do papel, o nome de Edgar Poe: como ele parece se impor, aqui, nas entrelinhas, na própria estruturação do texto: o som partindo-se na tensão da frase – *nul* –, caindo na pauta e emergindo no espaço da folha em branco, não pode deixar de sugerir ao leitor moderno as então famosas teses de *A Filosofia da Composição*, ensaio traduzido por Baudelaire: levantando-se contra as teorias platônico-românticas do poeta inspirado, o norte-americano nega qualquer participação da Musa na gestação do verso, enfatizando, ao contrário, todo um trabalho a ser executado conscientemente sobre o significante; sobre a forma e a estrutura do texto. Poe afirma com efeito que, ao compor *O Corvo*, pensara, antes de tudo, nas dimensões ideais para um poema que deveria ser lido "de uma assentada", a fim de que nenhum de seus efeitos se perdesse; havia procurado, depois, "esse efeito a ser obtido", "o tom ideal", encontrado na "tristeza", chegando assim àquilo que seria o elemento nodal do efeito: o estribilho, a palavra repetida, encantatória, que só poderia ser, para ele, *Nevermore*[2].

Deixemos de lado, por um momento, esse americano que é também um jornalista preso na engrenagem da nascente cultura

---

2. Edgar Allan Poe, "A Filosofia da Composição", em Poe, *Poesia e Prosa*, trad. de Oscar Mendes e Milton Amado, Rio de Janeiro, Globo, 1960, p. 503.

90   OS ANOS DE EXÍLIO DO JOVEM MALLARMÉ

de massa, para acompanhar Stéphane Mallarmé – tradutor de *O Corvo* para o francês e inventor, com Baudelaire, do poeta Edgar Poe – em seu percurso pela rua dos antiquários, em Tournon: subitamente, ele ouve uma palavra encantatória, obsessiva – ele a ouve, como Poe ao seu *nevermore*? Acompanhemos a experiência do poeta no exílio.

A *situação*, no sentido que essa palavra toma no texto de Poe[3], é perfeita: a rua, cenário por excelência da aventura moderna. E então o verso misterioso vem cair na pauta, que o acolhe, e se inscreve no espaço de uma folha imaginária

La Pénultième

Est morte.

A corda do bandolim vibra no som abolido, *nul*; a palavra soprada, o cantochão, e, na vidraça, a mão refletida: encena-se, aqui, um pequeno teatro de verbos, ritmos e lembranças, de evocações e aparições que são, eles e elas, uma só e mesma coisa, que, enunciada, nos deixa sozinhos num palco vazio, entre apetrechos de mudança de cenário: antigos instrumentos musicais, palmas amarelas e asas engolfadas na penumbra, velhos pássaros. Nada me parece estar mais longe da experiência evocada por Edgar Poe em seu famoso ensaio:

Muitos escritores – especialmente os poetas – preferem ter entendido que compõem por meio de uma espécie de sutil frenesi, de intuição extática, e positivamente estremeceriam, ante a idéia de deixar o público dar uma olhadela, por trás dos bastidores, para as rudezas vacilantes e trabalhosas do pensamento, para os verdadeiros propósitos só alcançados no último instante, para os inúmeros relances de idéias, que não chegam à maturidade da visão completa, para as imaginações plenamente amadurecidas e repelidas em desespero como inaproveitáveis, para as

---

3. "Passando cuidadosamente em revista todos os efeitos artísticos usuais, ou, mais propriamente, *situações*, no sentido *teatral* [...]." Cit., p. 504. Sublinhado por Edgar Poe.

O SONHO QUEIMADO PELA FÊNIX

cautelosas seleções e rejeições, as dolorosas emendas e interpolações, numa palavra, para as rodas e rodinhas, os apetrechos de mudança do cenário, as escadinhas e os alçapões do palco, as penas de galo, a tinta vermelha e os disfarces postiços que, em noventa e nove por cento dos casos, constituem a característica do histrião literário[4].

A aventura vivida pelo poeta neste admirável poema em prosa parece-me estar situada nos antípodas mesmo da experiência analisada por Edgar Poe: ela nos mostra um homem *hanté*, assombrado por um refrão que, encantatório, tenta, em vão, exorcizar: inicialmente evocando um mundo ainda humano, e o tempo do Significante:

> Inquieto, decidi deixar as palavras de triste natureza errar sozinhas na minha boca, e eu ia murmurando com a entonação susceptível de condolência: "A Penúltima morreu, está morta, bem morta, a desesperada Penúltima", acreditando com isso satisfazer o desassossego, e não sem o secreto desejo de sepultá-lo no prolongamento do cantochão [...],

abandonando-se, depois, ao tempo do Significado:

> Eu não descontinuava de tentar uma volta a pensamentos de predileção, alegando, para me acalmar, que, por certo Penúltima é o termo do léxico que significa "a que precede a última sílaba dos vocábulos",

quando se vê errando exatamente naqueles bastidores descritos por Edgar Poe e que, segundo o poeta norte-americano, o falso inspirado procuraria ocultar aos olhos do público: "as rudezas vacilantes e trabalhosas do pensamento, os relances de idéias que não chegam à maturidade da visão completa".

Em *Le Démon de l'Analogie*, dois tempos (no sentido lingüístico e musical da palavra) se afrontam: a rua, o caminhante aflito, a loja do vendedor de instrumentos musicais, palmas amarelas e asas engolfadas na sombra, vertidas em verbo, não

4. *Op. cit.*, p. 502.

fariam parte de um Poema, de um Texto, do Livro, em suma, que não conseguimos mais entender? Não é este o fragmento de um mundo abolido – *nul*, *nulo* – que chegou por acaso até o poeta que, por isso, tem medo, e não consegue explicar de onde vem esse medo?

A corda vibra na pauta

A Penúltima

Está morta

No nada sonoro

Do salão vazio.

Arquiteto e artesão da linguagem, leitor apaixonado de Edgar Poe, tradutor de *O Corvo*, Mallarmé afirmaria entretanto, numa página publicada em 1893, no *The National Observer*, a existência de um secreto parentesco entre as velhas práticas herméticas e a magia que atua na poesia:

> Eu digo que existe entre os velhos procedimentos e o sortilégio, que permanecerá a poesia, uma paridade secreta; eu a enuncio aqui e talvez pessoalmente me tenha agradado acentuá-lo, com ensaios, na medida em que ultrapassou a aptidão para dela usufruir, de meus contemporâneos[5].

E, um pouco adiante, na mesma página "por excelência sugestiva e dispensadora de encantos":

> O verso, traço encantatório! e, não se negará ao círculo que perpetuamente fecha, abre a rima, uma similitude com os círculos, em meio à erva, da fada ou do mago. Nossa ocupação a dosagem sutil de essências, deletérias ou boas, os sentimentos[6].

5. Mallarmé, "Magie", em *Divagations*, ed. cit.
6. Loc. cit.

A Virgem Glacial e o Ardente Fauno

Num domingo, 30 de outubro do mesmo ano, Mallarmé confidencia a Cazalis ter finalmente iniciado, na solidão da província e aos sopros de todos os ventos, um trabalho decisivo:

Comecei finalmente minha *Hérodiade* [palavra agora sublinhada]. Com terror, pois invento uma língua que deve necessariamente jorrar de uma poética muito nova, que eu poderia definir com estas duas palavras: *Pintar, não a coisa, mas o efeito que ela produz.*

O verso não deve pois, ali, se compor de palavras, mas de intenções, e todas as palavras se apagarem diante da sensação. Não sei se você entende, mas espero que aprovará quando eu tiver sucesso. Nunca mais tocarei na pena, se for esmagado.

Durante todo o inverno, ele continua a trabalhar em *Hérodiade* e, creio, com Hérodiade, tendo a pequena alemã no quarto ao lado: numa carta a Cazalis, sem data, mas do início de 1865, Mallarmé mostra a mãe embalando a recém-nascida Geneviève, que em breve todos chamarão de Vève, e declara estar escrevendo "meio confusamente", pois "a nenê", adoentada esta noite, "está me rompendo os ouvidos e a mente com seus gritos".

Entretanto, trabalho há uma semana. Entreguei-me seriamente à minha tragédia *Herodíade*: mas como é triste não ser exclusivamente um homem de letras!

E no dorso do envelope desta carta, um desenho verbal me lembra Matisse:

– Tentilhões bengalenses, pássaro azul, peixes vermelhos,
Neve, (a gata branca) – tudo isto
    lhe deseja Bom Ano Novo.

94   OS ANOS DE EXÍLIO DO JOVEM MALLARMÉ

O nascimento de Geneviève em novembro 1864 parece inaugurar um novo período de impotência, de vazio; por volta de fevereiro do ano seguinte, Mallarmé informa aos amigos que sua *Herodíade* não seria terminada tão cedo. "Don du Poème" ["Dom do Poema"], primeiramente intitulado "Poème Nocturne" ["Poema Noturno"], teria sido iniciado nesse momento de ansiedade, frustração e culpa:

> *Je t'apporte l'enfant d'une nuit d'Idumée!*
> *Noire, à l'aile saignante et pâle, déplumée,*
> *Par le verre brûlé d'aromates et d'or,*
> *Par les carreaux glacés, hélas! mornes encore,*
> *L'aurore se jeta sur la lampe angélique.*
> *Palmes! et quand elle a montré cette relique*
> *A ce père essayant un sourire ennemi,*
> *La solitude bleue et stérile a frémi.*
> *O la berceuse, avec ta fille et l'innocence*
> *De vos pieds froids, accueille une horrible naissance:*
> *Et ta voix rappelant viole et clavecin,*
> *Avec le doigt fané presseras-tu le sein*
> *Par qui coule en blancheur sibylline la femme*
> *Pour des lèvres que l'air du vierge azur affame?*

> Eu te trago a criança de uma noite de Iduméia!
> Negra, com a asa sangrenta e lívida, desplumada,
> Através do vidro queimado de arômatas e ouro,
> Através das vidraças geladas, ai, mornas ainda,
> A aurora derramou-se sobre a lâmpada angélica.
> Palmas! e quando ela indicou esta relíquia
> Ao pai que então ensaiava um sorriso inimigo,
> A solidão estéril e azul estremeceu.
> Ó mulher que acalentas, com tua filha e a inocência
> De vossos frios pés, acolhe um horrível nascimento:
> E tua voz que recorda clavecino e viola,
> Com teu dedo murcho irias tu apertar o seio
> De onde escorre em brancura sibilina a mulher
> Para lábios que o ar do virgem azul torna famintos?

O SONHO QUEIMADO PELA FÊNIX

Numa carta a Cazalis, datada de 30 de março ou 6 de abril de 1865, Mallarmé queixa-se de uma *cruelle migraine*, de seu *faible cerveau*, do vento *glacial et noir*, e anota:

Recuo diante dos espelhos, vendo meu rosto degradado e apagado e choro quando me sinto vazio e não posso lançar uma só palavra no papel implacavelmente branco.

Ser um velho, acabado, aos vinte anos, enquanto os que amamos vivem na luz entre flores, na idade das obras-primas!

Hérodiade:
Ô miroir!
Eau froide par l'ennui dans ton cadre gelée
Que de fois et pendant des heures, désolée
Des songes et cherchant mes souvenirs qui sont
Comme des feuilles sous ta glace au trou profond,
Je m'apparus en toi comme une ombre lointaine.
Mais, horreur! des soirs, dans ta sévère fontaine,
J'ai de mon rêve épars connu la nudité!

Herodíade:
Ó espelho!
Água fria pelo tédio em teu quadro gelada
Quantas vezes, e durante horas, desolada
Dos sonhos e em busca de lembranças que são
Como folhas sob teu gelo de cova profunda,
Mostrei-me em ti como distante sombra,
Mas, horror! certas tardes, em tua severa fonte
Do meu sonho esparso conheci a nudez!

Ao longo de todo aquele inverno, Herodíade, a virgem glacial, manifesta-se no/ao poeta, desaparece e ressurge, áspera, fria, metálica como um autômato de Hoffmann ou a Eva futura de Villiers, filha da encruzilhada dos ventos, o corpo numa armadura de gelos, a cabeleira intocável, uma granada vermelha na mão, entreaberta. A palavra *angústia* torna-se então um tema recorrente nas cartas, ao lado de *impotência*. Ardentemente cas-

96   OS ANOS DE EXÍLIO DO JOVEM MALLARMÉ

ta (*qui brûle de chasteté*), Herodíade, monstro gerado talvez por alguns versos de *Les Fleurs*, acompanhará Mallarmé até o fim da sua vida:

> *Et, pareille à la chair de la femme, la rose*
> *Cruelle, Hérodiade en fleur du jardin clair,*
> *Celle qu'un sang farouche et radieux arrose!*

> E, tal como a carne da mulher, a rosa
> Cruel, Herodíade em flor do claro jardim,
> A que um sangue feroz e radioso rega.

Filha dos ventos gelados e da linguagem, Herodíade, e com ela Mallarmé, demarcam-se claramente de seu tempo e da estética arqueológica dos parnasianos, de Hugo e do próprio Flaubert: numa carta datada de 1865, ele assinala ao amigo Eugène Lefébure o quanto o seu drama deriva, não da história, mas do verbo:

– Obrigado pelo detalhe que me dá, a respeito de Herodíade, mas ele de nada me vale. A mais bela página da minha obra será a que só contiver este belo nome Herodíade. O pouco de inspiração que tive, eu o devo ao nome, e eu creio que se minha heroína se chamasse Salomé, eu teria inventado esse nome sombrio, e vermelho como uma granada aberta, Herodíade. De resto, insisto em transformá-la num ser puramente sonhado e absolutamente separado da história. Você me compreende. Não invoco sequer todos os quadros dos alunos de Da Vinci e de todos os florentinos que tiveram essa amante e a nomearam como eu.

Será que algum dia escreverei minha tragédia? meu triste cérebro é incapaz de toda aplicação, e é como as enxurradas varridas pelas porteiras.

Mallarmé recusa a arqueologia, a história, a erudição. Aqui o *logos* precede a fábula; é a própria fábula:

Héros, Eros; explosão central e aberta –
Diade; hiato e aliteração.
Grenade, Diadème, Diamant.

Hérodiade.

Ne murmure point d'eau que ne verse ma flûte
Au bosquet arrosé d'accords; et le seul vent
Hors des deux tuyaux prompt à s'exhaler avant
Qu'il disperse le son dans une pluie aride,
C'est à l'horizon pas remué d'une ride,
Le visible et serein souffle artificiel
De l'inspiration, qui regagne le ciel.

Não murmura água que não verta minha flauta
No bosque molhado de acordes; e o vento apenas
Fora das duas canas prestes a exalar-se antes
Que ele disperse o som numa chuva árida,
É, no horizonte imperturbado por uma ruga,
O visível e sereno sopro artificial
Da inspiração, que torna a ganhar o céu.

O verão expulsou o triste inverno, estação da arte serena; ouve-se no campo um som de flauta, um leve encarnado paira no ar: numa quinta-feira de junho de 1865, Mallarmé anuncia a Cazalis ter abandonado sua Herodíade/*Herodíade*, palavra que aparece na carta ora sublinhada, ora não, obra e mulher; e não podendo talvez aceitar a fuga de uma e de outra, afirma ainda a sua liberdade de criador: "*deixei* [sublinhado por mim] Herodíade para os invernos cruéis".

Deixei Hérodiade para os invernos cruéis: esta obra solitária tinha me esterilizado, e, no intervalo, estou rimando um intermezzo heróico, cujo herói é um Fauno. Este poema encerra uma altíssima e belíssima idéia, mas os versos são terrivelmente difíceis, pois eu o faço absolutamente cênico, não possível no teatro, mas exigindo o teatro. E entre-

98 OS ANOS DE EXÍLIO DO JOVEM MALLARMÉ

tanto quero conservar toda a poesia de minhas obras líricas, até meu verso, que adapto ao drama. Quando você vier, será feliz: a idéia da última cena me faz soluçar, a concepção é vasta e o verso muito trabalhado. Nada mais lhe direi, só lhe falei disso para me liberar. Acrescento que conto apresentá-lo em agosto ao Teatro Francês.

Dias depois, ele se declara outra vez "em plena composição" de uma peça destinada, explica a Lefébure, à Comédie Française. *Herodíade*, "obra solitária",

me tinha esterilizado: eu a reservo para os cruéis invernos. No meu Fauno (este é o meu herói) eu me entrego a expansões estivais que desconhecia, escavando [ou: entalhando] muito o verso, o que é muito difícil por causa da ação!

Nesta mesma carta escrita durante uma aula, "estou rabiscando estas palavras diante da minha classe de imbecis que me atormentam".

Mallarmé volta a falar obsessivamente do Fauno, com a consciência aguda de que seu verso, nesse intermezzo heróico, deveria ser mais ritmado que o lírico, para deslumbrar o ouvido no teatro:

> *Ces nymphes, je les veux perpétuer.*
>   *Si clair,*
> *Leur incarnat léger, qu'il voltige en l'air*
> *Assoupi de sommeils touffus.*
>   *Aimai-je un rêve?*
> *Mon doute, amas de nuit ancienne, s'achève*
> *En maint rameau subtil, qui, demeuré les vrais*
> *Bois mêmes, prouve, hélas! que bien seul je m'offrais*
> *Pour triomphe la faute idéale des roses —*
>
> *Réfléchissons...*

Estas ninfas, eu as quero perpetuar.
Tão claro,
Seu leve encarnado, que ele gire no ar
Entorpecido de pesados sonos.
Eu amava um sonho?
Minha dúvida, cópia de noite antiga, acaba
Em muito ramo sutil, que, mantido como os veros
Bosques, prova, ai! que sozinho eu me entregava
Como triunfo a falta ideal das rosas –

Reflitamos...

Em setembro de 1865, Mallarmé faz uma curta viagem a Paris. O *Fauno* (texto "impossível no teatro", observa o autor numa de suas cartas, "mas exigindo o teatro"), lido[7] no Théâtre Français, é recusado. De volta a Tournon, o poeta retoma *Herodíade*, não mais como tragédia, mas poema:

> Os versos do meu Fauno agradaram infinitamente, mas Banville e Coquelin não encontraram nele a anedota necessária solicitada pelo público, e me afirmaram que isso só poderia interessar aos poetas.
> Abandono meu assunto durante alguns meses na gaveta, para refazê-lo livremente mais tarde, depois da partida da irmã de minha mulher, que veio fazer-lhe uma surpresa, e de meu amigo Lefébure que vai passar algumas semanas comigo, começo *Herodíade*, não como tragédia, mas poema (pelas mesmas razões), e sobretudo porque assim ganho a atitude, as vestes, o cenário, os móveis, sem falar do mistério[8].

No mês em que o *Parnaso Contemporâneo* entrega ao público sua 11ª edição, contendo a produção de Mallarmé que indiquei acima, em outro capítulo, o poeta observa a Cazalis, numa carta datada de 28 de abril de 1866:

---

7. Trata-se da primeira versão do poema, que seria publicada somente depois da morte de Mallarmé.
8. Carta a Théodore Aubanel datada de 16 de outubro de 1865, *Corresp.*, p. 253.

Infelizmente, cavando o verso a este ponto, encontrei dois abismos, que me desesperam. Um é o Nada, ao qual cheguei sem conhecer o budismo, e ainda estou por demais desolado para poder acreditar mesmo em minha poesia e retomar o trabalho, que este pensamento esmagador me fez abandonar.

ÉTIENNE/STÉPHANE

A publicação de seus versos pelo *Parnaso* inaugura um novo movimento na vida do poeta, já extremamente malvisto no colégio onde, não conseguindo sequer manter a disciplina, é regularmente atormentado pelos alunos: uma série de cartas oficiais nos mostram Mallarmé vivendo, então, um pequeno inferno de conflitos e acusações, do qual procura sair com as armas de que dispõe. Assim, num ofício dirigido ao Ministro da Instrução Pública, datado de 16 de julho de 1866:

Um motivo me guiou na escolha da carreira docente, foi, depois do desejo de preencher suas funções, a possibilidade entrevista de viver perto de minha família em Sens. Passei, como professor de inglês (munido de um certificado de aptidão) *três anos em Tournon* [sublinhado por M.], lugar cujo clima intenso e variável ameaça enfim alterar minha saúde, excelente enquanto eu vivia com minha família.

Venho, obrigado por minha saúde, solicitar uma transferência de residência, solicitar de Vossa Excelência se eu poderia obter Sens, que no caso de outro deslocamento, permaneceria meu desejo, e, concedido, ali me fixaria durante todo o tempo que Vossa Excelência se dignasse me manter.

Meu pedido sendo o de um favor mais do que o de um adiantamento, ouso levar em conta o pouco de direito que tenho de formulá-lo, e me dirigir (desta vez, espero), à solicitude de Vossa Excelência.

Sou, Senhor Ministro,

De Vossa Excelência,

O mui humilde e muito obediente servidor.

Entre julho e outubro, a situação complica-se vivamente: os pais de alunos se queixam, o poeta continua incapaz de manter a disciplina em classe, sua saúde se deteriora, angústias o atormentam. Correm rumores sobre suas publicações "obscenas" no *Parnaso Contemporâneo*.

Carta de 28 de outubro de 1866, dirigida ao Ministro da Instrução Pública:

> Senhor Ministro,
> Tenho a honra de dirigir a Vossa Excelência a expressão de meu reconhecimento pelo decreto pelo qual vem me chamar ao Liceu de Besançon na qualidade de encarregado do curso de inglês.
> Que Vossa Excelência creia que concederei a essas novas funções o zelo e o devotamento com os quais
> Tenho a honra de ser,
> Senhor Ministro,
> De Vossa Excelência,
> o mui humilde e muito obediente servidor.

Esta, como as outras cartas dirigidas pelo atormentado professor ao Ministro da Instrução Pública são assinadas

ÉTIENNE MALLARMÉ:

seu verdadeiro nome? Um nome na certidão de nascimento, pelo menos – pois todos, a partir do dia de seu batismo, o chamarão de STÉPHANE, correspondente grego do latino ÉTIENNE.

O Grande Pássaro Negro

Em novembro de 1866, Stéphane chega à escarpada Besançon, "antiga cidade de guerra e de religião, sombria, prisioneira"[9], "de clima negro, úmido, glacial"[10], terra de Victor Hugo, cuja casa natal ainda hoje pode ser visitada – como o fez Mallarmé – numa pracinha quadrada, na Grand'-Rue, onde canta uma

---

9. Carta a François Coppée, datada de 10 de dezembro de 1866.
10. Carta a Cazalis, datada de 14 de maio de 1867.

102   OS ANOS DE EXÍLIO DO JOVEM MALLARMÉ

fonte. A instalação é penosa: ali tudo parece hostil à vida, e o poeta consegue complicar sua situação fazendo despesas descabidas com tapetes orientais e espelhos venezianos, para decorar seu pequeno apartamento no número 36 da rua de Poithune, nas proximidades do liceu onde ensinará, a pequena distância das muralhas da imponente cidadela erguida por Vauban no século XVI.

Somente em maio do ano seguinte Mallarmé volta a corresponder-se com os amigos fiéis; datam deste período duas cartas que lançam uma luz surpreendente sobre o túnel que ele acaba de atravessar. Na primeira, o poeta anuncia a Cazalis (14 de maio de 1867):

> Acabo de passar um ano terrível: meu Pensamento se pensou, e chegou a uma Concepção Pura. Tudo o que, em conseqüência, meu ser sofreu durante esta longa agonia, é inenarrável, mas por felicidade, eu estou perfeitamente morto, e a região mais impura em que meu Espírito possa se aventurar é a Eternidade, meu Espírito, este solitário habitual de sua própria Pureza, que nem mesmo o reflexo do Tempo obscurece.

A solidão é absoluta:

> Eu estou, depois desta síntese suprema, na lenta aquisição da força – incapaz como você pode notar de me distrair. Mas quanto mais eu o estava, há vários meses, antes na minha luta terrível com este velho e maldoso pássaro, vencido, felizmente, Deus. Mas como esta luta aconteceu sobre sua asa ossuda, que, numa agonia mais vigorosa do que eu teria esperado dele, tinha me levado nas Trevas, caí, vitorioso, perdidamente e infinitamente – até que um dia voltei ao espelho de Veneza, tal como tinha me esquecido muitos meses antes.

Um pouco adiante, na mesma carta:

> Confesso, de resto, mas somente a ti, que ainda tenho necessidade, tão grandes foram as avarias de meu triunfo, de me olhar neste espelho

para pensar, e que se ele não estivesse diante da mesa, eu voltaria ao Nada. Saiba que isto significa que agora sou impessoal, e não mais o Stéphane que você conheceu, – mas uma aptidão que tem o Universo Espiritual a se ver e a se desenvolver, através do que fui.

Fazendo da Arte a sua religião, Mallarmé, que desceu "às profundidades do Vazio", saúda na Beleza a única forma de existência possível, cuja expressão perfeita é a Poesia: "tudo o mais é mentira – exceto, para os que vivem a vida do corpo, o amor, e, para o amor da mente, a amizade". Poesia, Amor, Amizade: potências a que Mallarmé permanecerá fiel durante toda a sua vida. Anos mais tarde, respondendo a uma pergunta de Léo d'Orfer – "O que é a poesia?" –, o autor de "Ses purs ongles...", não podendo conter um *frisson*, antes o sublinha, fiel aos antigos amores:

É um soco, com que a vista, um instante, se deslumbra, vossa injunção brusca –
"Defina a poesia"
Eu balbucio, mortificado:
"A Poesia é a expressão, pela linguagem humana trazida de volta a seu ritmo essencial, do sentido misterioso dos aspectos da existência: ela dota assim de autenticidade nossa morada e constitui a única tarefa espiritual".
Até logo; mas me desculpe[11].

A Constelação

Dez anos? Vinte? Mallarmé mede o tempo que o separa da "Obra, da Grande Obra, como os ancestrais a chamavam": três poemas em verso, entre os quais *Herodíade*, e quatro em prosa – isto é, sete livros, como sete são os pontos luminosos da Grande Ursa no espelho do salão vazio?

---

11. Carta datada de 27 de junho de 1884.

104   OS ANOS DE EXÍLIO DO JOVEM MALLARMÉ

Durante aquele inverno, talvez o mais gélido de sua vida, o poeta tinha vivido sob a obsessão do céu estrelado; e não é difícil imaginá-lo à janela do 36 da rue de Poithune, em Besançon – ao lado da pracinha onde na primavera canta uma fonte –, fascinado pela presença/ausência dos astros no firmamento: o brilho paradoxal de estrelas que, mortas há milênios, entretanto nos alcança, hoje, intato, iluminando o projeto poético de Stéphane Mallarmé:

Meu pensamento chegou a pensar-se a si mesmo e não tenho mais forças para evocar em um Nada único o vazio disseminado em sua porosidade.

Eu compreendera, graças a uma grande sensibilidade, a correlação íntima da Poesia com o Universo, e, para que ela fosse pura, concebera o objetivo de sair do Sonho e do Acaso e de a justapor à concepção poética[12].

"Somos apenas formas vãs da matéria", escreve Mallarmé a Cazalis em maio de 1867, marcando, no movimento de uma angústia quase insustentável, sua passagem do idealismo metafísico ao poético:

Meu cérebro, invadido pelo Sonho [...] ia perecer em sua insônia permanente: implorei à grande Noite que me atendeu e estendeu suas trevas. A primeira fase da minha vida acabou. A consciência, extenuada pelas sombras, desperta, lentamente, formando um homem novo, e deve encontrar meu Sonho depois da criação deste último[13].

O soneto "Cette nuit...", mais tarde transformado em "Quand l'ombre menaça...", evoca, observa Bertrand Marchal, a grande crise vivida pelo poeta nesse período – a morte do velho Sonho (sonho religioso, sonho baudelairiano de um além-ideal) e o "nascimento do gênio humano", num movimento em que a Obra se faz, ela própria, Constelação:

12. Carta a Villiers de l'Isle-Adam, datada de Besançon, 24 de setembro de 1867.
13. Carta a Cazalis, 14 de maio de 1867.

O SONHO QUEIMADO PELA FÊNIX

Quand l'ombre menaça de la fatale loi
Tel vieux Rêve, désir et mal de mes vertèbres,
Affligé de périr sous les plafonds funèbres
Il a ployé son aile indubitable en moi.

Luxe, ô salle d'ébène où, pour séduire un roi
Se tordent dans leur mort des guirlandes célèbres,
Vous n'êtes qu'un orgueil menti par les ténèbres
Aux yeux du solitaire ébloui par sa foi.

Oui, je sais qu'au lointain de cette nuit, la Terre
Jette d'un grand éclat l'insolite mystère,
Sous les siècles hideux qui l'obscurcissent moins.

L'espace à soi pareil qu'il s'accroisse ou se nie
Roule dans cet ennui des feux vils pour témoins
Que s'est d'un astre en fête allumé le génie.

Quando a sombra com a lei fatal ameaçou
Tal velho Sonho, desejo e mal destas vértebras
Aflito por perecer sob fúnebres tetos
Ele abriu sua indubitável asa em mim.

Luxo, sala de ébano em que, para um rei seduzir
Em sua morte guirlandas célebres se torcem,
Sois apenas orgulho mentido por trevas
Aos olhos do solitário ofuscado por sua fé.

Sim, eu sei, nas lonjuras desta noite, a Terra
Lança com um grande brilho o insólito mistério,
Sob horríveis séculos que o escurecem menos.

O espaço a si igual, que aumente ou que se negue
Revolve neste tédio fogos vis como provas
De que acendeu-se de um astro em festa o gênio.

A DESTRUIÇÃO FOI MINHA BEATRIZ

Referindo-se a um artigo de Émile Montégut, publicado na *Revue des Deux Mondes* no dia 15 de maio de 1867, Mallarmé

106   OS ANOS DE EXÍLIO DO JOVEM MALLARMÉ

declara a Lefébure ter encontrado, enfim, por meio de uma es-
pécie de intuição sensível, o significado mais profundo do que
seria, para ele, o Livro:

Ele [Montégut] fala do Poeta Moderno, do *último* que "é um *crítico*
antes de tudo". É exatamente o que observo em mim – eu criei a minha
Obra apenas por eliminação, e toda verdade adquirida só nasce de uma
impressão que, tendo cintilado, tinha-se consumido e me permitia, gra-
ças a suas trevas desembaraçadas, avançar mais profundamente na sen-
sação das Trevas Absolutas. A Destruição foi minha Beatriz[14].

A civilização ocidental não teria produzido mais do que
duas obras acabadas: a primeira, "produto da era clássica ou pré-
cristã e expressão essencial da inocência pagã", é a Vênus de
Milo; Mona Lisa, indicando a perda cristã da inocência, é a se-
gunda. A modernidade, entretanto, só poderia ser captada por
algo que mediasse "valores cientificamente informados e fun-
damentalmente pós-cristãos", segundo o poeta que se revela
aqui homem do seu tempo:

[...] foi Ontem que terminei o primeiro esboço da Obra, perfeitamente
delimitada, e imperecível se eu não pereço. Eu a contemplei, sem êxtase
como sem horror, e, fechando os olhos, *descobri que isto era.* [...] A
Beleza tendo sido mordida no coração depois do Cristianismo, pela Qui-
mera, e dolorosamente renascendo com um sorrico pleno de mistério,
mas de mistério forçado e que ela *sente* ser a condição do seu ser[15].

Na mesma carta, em nota separada por dois traços verticais,
depois da assinatura:

Esquecia-me de lhe dizer que o que me havia causada esta emoção
no artigo de Montégut, era o nome de Fídias no início, e uma invocação

---

14. Carta a Lefébure, 27 de maio de 1867. Sublinhado por Mallarmé.
15. *Idem.* Sublinhado por Mallarmé.

a Da Vinci – estes dois ancestrais reunidos de minha obra, antes de falar do Poeta moderno![16]

O CISNE

Num soneto de data e título ignorados, Mallarmé oferece, na terrível e bela imagem de um cisne aprisionado no gelo, sua concepção do poeta, tal como se elaborava nesse período bisontino – tema derivado, evidentemente, do Albatroz e do Cisne baudelairianos, mas aqui profundamente transformados, assim como em "Ses purs ongles..." inverte-se, de forma radical, o próprio movimento da poética de *Les Fleurs du Mal*: a Angústia ergue as mãos vazias para o céu, ali onde, antes, enterrava, no crânio do poeta, "sua bandeira negra".

Tendo me permitido apresentar, anteriormente, esse poema numa versão prosaica, gostaria de registrá-lo, agora, na tradução poética de Augusto dos Campos:

O virgem, o vivaz e o viridente agora
Vai-nos dilacerar de um golpe de asa leve
Duro lago de olvido a solver sob a neve
O transparente azul que nenhum vôo aflora!

Lembrando que é ele mesmo esse cisne de outrora
Magnífico mas que sem esperança bebe
Por não ter celebrado a região que o recebe
Quando o estéril inverno acende a fria flora,

Todo o colo estremece sob a alva agonia
Pelo espaço infligida ao pássaro que o adia,
Mas não o horror do solo onde as plumas têm peso.

Fantasma que no azul designa o puro brilho,
Ele se imobiliza à cinza do desprezo
De que se veste o Cisne em seu sinistro exílio.

16. *Idem.*

108 OS ANOS DE EXÍLIO DO JOVEM MALLARMÉ

Na abertura da famosa carta a Lefébure datada de 27 de maio, Mallarmé ainda se defende, entretanto, dessa angústia de, tendo perdido a si mesmo, não passar de reflexo num espelho: glosando com uma ironia um pouco convencional o tema, ele parodia os argumentos metafísicos de Pascal, circunvaga entre imagens obsessivas; e, como que temeroso, adia o momento de mergulhar na escrita de sua experiência do Nada:

Como vai você? Melancólica cegonha dos lagos, imóveis, sua alma não se vê aparecer, no seu espelho, com muito tédio – que, perturbando com seu confuso crepúsculo, o encanto mágico e puro, lembra-lhe que é seu corpo que, sobre uma pata, a outra dobrada doente em suas plumas, se mantém, abandonado? De volta ao sentimento da realidade, escute a voz gutural e amiga de outro velho pássaro, garça e corvo ao mesmo tempo, que se abate perto de você. Contanto que todo este quadro não desapareça, para você, nos estremecimentos e nas rugas atrozes do sofrimento. Antes de nos deixarmos conduzir por nosso murmúrio, verdadeira conversa de pássaros semelhantes aos caniços, e misturados a seu vago estupor quando voltamos de nossa imobilidade no lago do sonho à vida – no lago do sonho, onde não pescamos nunca nossa imagem, sem cogitar das escamas de prata dos peixes!

Tateando entre lucidez e sonho, Mallarmé embrenha-se numa descida aos Infernos, e Gordon Miller encontra, nesse momento crucial de sua vida, a tomada de consciência de uma poética; nas cartas e nos sonetos desse período é possível detectar, com efeito, um jogo de conflitos insolúveis que procedem da contradição original entre Ser e Nada: arte/vida, imaginação/realidade, intelecto/emoção – o poeta aproxima-se desse ponto que passará a ser o centro móvel de sua obra, marcada paradoxalmente pela presentificação da ausência[17]; e torna-se necessário citar aqui, mais uma vez, a carta de capital importância datada do dia 27 de maio de 1867; um longo trecho agora escrito, não a tinta, mas significativamente a lápis:

17. Cf. Gordon Millan, *A Throw of the Dice*, New York, Farrar Straus Giroux, 1994, p. 164.

O SONHO QUEIMADO PELA FÊNIX

Creio que para ser perfeitamente o homem, a natureza se pensando, é preciso pensar com todo o seu corpo – o que engendra um pensamento pleno e unido como estas cordas do violino vibrando imediatamente com sua caixa de madeira oca. Os pensamentos que partem só do cérebro (do qual tanto abusei no verão passado e uma parte deste inverno) me parecem agora uma música tocada com a parte superior final do caniço cujo som não reconforta a caixa –, que passam e se vão sem criar, sem deixar traço de si. [...] Eu só conhecia o grilo inglês, doce e caricaturista: ontem somente, entre os jovens trigos, ouvi essa voz sagrada da terra ingênua, menos decomposta já do que a do pássaro, filho das árvores em meio da noite solar, e que tem algo das estrelas e da lua, e um pouco de morte; – mas quanto mais *uma* sobretudo que a de uma mulher que caminhava e cantava diante de mim, e cuja voz parecia transparente de mil mortes nas quais ela vibrava – e penetrada de Nada! Toda a felicidade que a terra tem de não ser decomposta em matéria e em espírito estava neste som *único* do grilo! – [18]

No final de outubro deste mesmo ano, Stéphane Mallarmé obtém sua transferência para Avignon, onde escreverá, além de "Ses purs ongles...", o rascunho de *Igitur*, texto publicado somente depois de sua morte.

É Fácil Descer aos Infernos

Instalado com a família em Avignon – velha cidade dos Papas e do monte Ventoux, cuja escalada por Petrarca assinala um dos momentos decisivos da história espiritual do Ocidente – Mallarmé anuncia a Cazalis, no dia 14 de novembro de 1869, que está redigindo um conto,

com o qual penso vencer o velho monstro da Impotência, seu assunto, aliás, a fim de me fechar em meu grande trabalho já reestudado. Se o realizar, estarei curado. *Similia similibus.*

---

18. Sublinhado por Mallarmé.

Trata-se do primeiro esboço do que viria a ser mais tarde *Igitur*, texto ao qual Catulle Mendès teve acesso quando, em agosto de 1870, passou rapidamente por Avignon com Judith Gautier e Villiers, no momento em que as relações entre a Prússia e a França se degradavam, prefigurando o conflito inevitável, ao qual o poeta parece estar entretanto singularmente alheio, enquanto lê, para o grupo de seletos amigos, seu "conto filosófico":

sua voz ligeiramente cantante se eleva, como se ele ditasse o texto, sublinhando sua forma: *Igitur* ou *A Loucura de Elbehnon*. [...] Mallarmé, à guisa de preâmbulo, insiste em advertir seus ouvintes: "Este Conto se dirige à Inteligência do leitor que encena as coisas, ele próprio". [...]
À medida em que ele lê, uma estranha presença invade a peça. No limite do vazio. É meia-noite tanto na realidade quanto no sonho, como testemunha o timbre deformado do relógio. Um quarto recolhe a queda da hora. Tapeçarias estremecem, sepultam. Um rosto no espelho, apenas iluminado, destaca-se. E sobre a mesa, a palidez de um livro aberto. [...]
Mendès, que nada tinha compreendido dessas especulações, fica atordoado, aflito: "O quê? é a isto, a esta obra da qual até o assunto não se revela jamais, cujas palavras não significam nunca seu sentido próprio, que Mallarmé chegou, depois de um esforço tão longo de pensamento, ao termo de um mal tão estranho que ele suportou tanto tempo recluso no seu sonho?"[19]

"É fácil descer aos Infernos", revela a Sibila de Cumas a Enéias, no canto VI do épico virgiliano: "Suas portas permanecem dia e noite escancaradas. Subir, porém, de volta às auras do alto, eis a tarefa penosa; eis a dura empresa. Alguns tiveram êxito; mas eram deuses ou filhos de deuses".

Enéias, contudo, sabe-se escolhido, e o comprova colhendo um ramo de ouro que cresce numa árvore opaca: "se fores

19. Steinmetz, *op. cit.*, pp. 133, 123. Para maiores esclarecimentos sobre essa noite, Steinmetz reenvia ao texto de Mendès citado anteriormente por mim, *Rapport...*, pp. 107-108.

da raça dos eleitos" – são palavras da velha profetisa – "a haste sagrada se entregará docemente a ti; se não, nada, nem espada ou machado a conseguirá arrancar do tronco".

Ora, *Igitur* é, na taquigrafia da angústia, a anotação de uma descida aos ínferos: eis o que torna esse "conto filosófico" – mais do que a organização arbitrária das páginas feita pelo genro do poeta – um desafio para quem tenta colhê-lo na trama das explicações, das análises, das hermenêuticas: esse texto exige do leitor uma catábase em espiral na direção do livro aberto – um livro que é talvez o próprio *Igitur*, o Livro – para então, sobre as cinzas dos astros, deitar-se após haver bebido a gota de nada que falta ao mar. O frasco vazio, a visão, a loucura, é tudo o que resta do castelo?

O nada tendo partido, resta o castelo da pureza.

Segundo uma tradição bem estabelecida no âmbito dos estudos mallarmeanos, *Igitur* é uma palavra que deriva do segundo capítulo do *Gênesis*,

Igitur perfecit sunt coeli et terra,

enquanto *Elbehnon* talvez seja um termo hebraico significando "filho de Elohim", isto é, das potencialidades criativas da divindade: os dois demarcariam com precisão um certo contexto, digamos, religioso ou metafísico da obra. Anotemos, contudo, que, de um lado, Mendès, quando rememora a famosa leitura feita em Avignon por Mallarmé, confundindo os nomes nos corredores da memória, qualifica esse texto de "conto alemão bastante longo, uma espécie de lenda renana", e o chama de *Igitur d'Elbenone*: significativo lapso de linguagem que nos coloca na pista de um Mallarmé no papel de Hamlet. De outro lado, a palavra *igitur* pertence a uma classe de elementos gramaticais a que o autor de "Ses purs ongles..." confere uma importância toda especial, indicadores que são da preeminência, na sua poética, da relação sobre a substância: geralmente situada no início de uma frase quando se pretende dar-lhe um valor forte, essa partícula de ligação significa "então" e "pois" – articulemos pois essa enigmática prosa (que, depois de algumas tentativas, renunciei a resumir aqui para o leitor) ao *continuum* de todos os textos da nossa cultura, entre os quais o *Gênesis*; e àqueles que estão para sempre perdidos, como a versão definitiva de *Igitur*.

Epílogo em Avignon

O nome Étienne volta a aparecer em cartas oficiais: alegando a preparação de exames universitários, Mallarmé solicita ao Ministério da Instrução Pública prorrogação de uma licença de trabalho remunerada durante todo o ano escolar de 1869-1870:

> [...] e minha situação de pai de família sem fortuna pessoal sendo a mesma que precedentemente, ouso solicitar de V.Sa., Senhor Ministro, que não me sejam retirados os poucos recursos de que me foi permitido fruir durante esta primeira parte de minha licença.
>
> Saberei ser reconhecido a V.Sa. deste favor trazendo às minhas funções, com minha saúde completamente restabelecida, o resultado de estudos que me permitem, desde já, não interromper o concurso que reclama de mim a Universidade.
>
> Sou,
> Senhor Ministro,
> De V. Excia. o mui humilde servidor.
>
> Étienne Mallarmé
Encarregado de Curso de Inglês,
atualmente licenciado,
no Liceu Imperial de Avignon.

Sublinhe-se com lápis vermelho um lapso de linguagem, nesta carta não-datada mas seguramente escrita em julho de 1870: o poeta desejava referir-se, seguramente, ao prolongamento de uma licença que alcançasse o ano escolar de 1870-1871: quase alheio à tempestade que, vindo da Prússia, vai devastar o Segundo Império, Mallarmé está multiplicando, neste momento, as *démarches* no sentido de escapar ao detestado magistério, deslocando-se definitivamente para a capital: entra em contato com amigos em Paris, sonha com a possibilidade de engajamento no jornalismo como correspondente na Inglaterra, acalenta um vago desejo de *"empreender trabalhos sobre a literatura inglesa num canto da Biblioteca"*[20].

No dia 2 de setembro de 1870, o Segundo Império cai em Sedan e a Terceira República é proclamada no dia 5 em Avignon, dois dias depois de aclamada em Paris, onde um governo provisório acaba de se instalar.

A guerra continua, e os prussianos, acumulando vitória sobre vitória, iniciam, no dia 19, o sítio da capital, que vai durar cento e trinta e oito dias.

Em março, chega o momento histórico da Comuna de Paris; no dia 8, Mallarmé escreve a Cazalis:

Meu Deus! que esta política, à qual (a guerra à parte) pôde-se conceder um momento de atenção, começa a se tornar invasiva e insuportável![21]

O poeta deixa Avignon no dia 29 de maio, enquanto Marie permanece em Sens, onde dá à luz o segundo filho do casal, Anatole. Instalado inicialmente na casa dos Mendès, Mallarmé parte para Londres como observador da Exposição Internacional, a serviço de vários jornais. No dia 25 de outubro, é nomeado professor do Liceu Fontanes (Condorcet).

A partir de então, seus ofícios dirigidos ao Ministério da Instrução Pública serão – apagando-se, na pauta da biografia, o prenome *Etienne* que figura nas atas dos cartórios – invariavelmente assinados por

STÉPHANE MALLARMÉ.

---

20. Carta a Cazalis, datada de 23 de abril de 1871. *Corresp.*, p. 511. Sublinhado por Mallarmé.
21. Carta a Cazalis, datada de 24 de março de 1871, *Corresp.*, p. 501.

4

As Cintilações do Séptuor

I STILL THINK I CAN'T TAKE IT

Um bom tradutor de "Ses purs ongles..." para o inglês, C. F. MacIntyre[1], ao comentar esse soneto numa longa nota de rodapé, encara-o como apenas o produto artificial de uma mente de esteta: "arte de segunda mão"[2], em suma, apesar de suas "divertidas rimas em -*yx* e das sonoras em *'-or*"[3]. E não hesita em considerá-lo uma fraude, embuste ou trapaça; uma imitação ruim da grande arte barroca. Antes de avançar qualquer outro julgamento, leiamos, entretanto, o poema no idioma de MacIntyre:

Her pure nails high dedicating their onyx,
Anguish, this midnight, supports a torch where burns
many a vesperal dream consumed by the Phoenix
wich is not collected in the cineral urn

on the credenzas, in the bare room: no ptyx,
abolished bibelot empty and sonorous

1. Stéphane Mallarmé, *Selected Poems*, Berkeley/Los Angeles, University of California Press, 1957, p. 85.
2. *Idem*, p. 147: "This can be called 'arty', in the most pejorative sense. A *tour de force* based on two rhymes, and one them he [Mallarmé] has to make up the word, it indicates what he meat when he told Degas that poems weren't written with ideas, but with words".
3. Loc. cit.: "The -*yx* rhymes are amusing and the -*ore* sounds always impressive".

116 OS ANOS DE EXÍLIO DO JOVEM MALLARMÉ

(for the Master has gone to draw tears from the Styx
with the sole object by which the Nothing is honored).

But near the window open on the north
a gold is dying perhaps in the décor
of unicorns kicking fire at a nixie,

who, defunct and nude in the mirror, as yet
in the oblivion bound by the frame, is fixed
of scintillations forthwith the septet.

Embora sublinhando a observação de Mallarmé de que poesia é feita "com palavras e não com idéias", o tradutor-intérprete encontra neste soneto uma frágil, delicada linha ideativa (*a frail thread of idea*), do começo ao fim; e tenta segui-la, mostrando inicialmente, com perspicácia, que no interior da misteriosa moldura do poema não se vislumbra um só objeto, além das credências e de uma estatueta de mulher com uma translúcida esfera de ônix (*an onyx translucid bowl*) na mão, luminosa parte dela mesma, erguida para o alto: tratar-se-ia de um desses quebra-luzes em estilo *art nouveau* que reencontramos às vezes nos antiquários e brechós? Ela não "simbolizaria" (e eu já aprisiono essa palavra, tanto quanto a que vem a seguir, entre aspas de suspeita) a "impotência" do autor, a incapacidade de criar, que é, como não se ignora, um dos temas maiores de sua poética? Os não-escritos seriam, pois, cinzas:

Ses purs ongles très haut dédiant leur onyx,
L'Angoisse ce minuit, soutient, lampadophore,
Maint rêve vespéral brûle par le Phénix
Que ne recueille pas de cinéraire amphore

De unhas puras no alto dedicando seu ônix,
A Angústia esta meia-noite sust ém, lampadófora,
Muito sonho vesperal queimado pela Fênix
Que não recolhe alguma cinerária ânfora.

A lâmpada, sua condutora e consoles são portanto as úni-

AS CINTILAÇÕES DO SÉPTUOR

cas presenças neste espaço que enquadra, literalmente, nada; tratar-se-ia, como pensa o tradutor, de uma reação de Mallarmé contra o atravancamento dos salões do Segundo Império e em particular o de Méry Laurent, *demi-mondaine* a quem dedicou deliciosos poemas? Deixemos de lado, *et pour cause*, as fotos do apartamento do poeta na rue de Rome, reveladoras de seu gosto por esses objetos meio preciosos que a "divindade da Indústria" (como diria Baudelaire), mediada pelas grandes Exposições Universais, colocava finalmente ao alcance da pequena burguesia, nas lojas de departamento; coloquemos também entre parênteses toda uma estética do objeto mallarmeano: aqui, realmente, a sala está vazia – *aside from the lamp and bearer, the credenzas, the room is empty.*

Sobre as credências, nenhum bibelô, nenhum *ptyx*, palavra que o tradutor, sem indicar suas fontes, reenvia à Primeira Olímpica de Píndaro, onde significaria "a fold", "dobra, prega ou ruga", e que estaria aparentemente ali, no final do verso (é, aliás, o que o próprio Mallarmé parece indicar numa carta), apenas pela necessidade da *rime riche* dos parnasianos, bem ao gosto dos Gautiers e Banvilles:

> *Sur les crédences, au salon vide: nul ptyx,*
> *Aboli bibelot d'inanité sonore,*
>
> Nas credências da sala vazia: nenhum ptyx,
> Abolido bibelô de inanidade sonora,

E então o poeta, "com sua preferência por tênues irrealidades", *tenuous unrealities*, aponta para a janela ao norte vacante, "o que o leva à Ursa Maior" – e aqui MacIntyre, o intérprete-tradutor, confessa não conseguir *compreender* (como aliás nós mesmos) como a pálida luz dessa constelação poderia iluminar qualquer cenário, onde quer que seja: *Just how the pale light of the Dipper can illuminate any décor on a north wall is beyond me*[4].

---

4. *Op. cit.*, p. 148.

Mais proche la croisée au nord vacante, un or
Agonise selon peut-être le décor
Des licornes ruant du feu contre une nixe,

Mas junto à vidraça ao norte vacante, um ouro
Agoniza segundo talvez o adorno
De licornes coiceando fogo contra uma nixe,

The poor little nixe! – o tradutor-intérprete mergulha final-mente nas águas ligeiras que vinham minando da sua leitura: "a pobrezinha da nixe está sendo escoiceada por unicórnios, guardiões, segundo o mito medieval, da virgindade; e se o es-pelho se encontrava na parede ao norte e a placa ornamental de figuras mitológicas na parede ao sul, sem dúvida próxima ao assoalho, expliquem-me como as cintilações do cenário podem surgir no espelho! *I still think I can't take it*".[5]

Elle, défunte nue en le miroir, encor
Que, dans l'oubli fermé par le cadre, se fixe
De scintillations sitôt le septuor.

Ela, defunta nuvem no espelho, embora
Que, no oblívio fechado pela moldura se fixe
De cintilações no mesmo instante o séptuor.

E o comentário ao soneto se fecha com o tradutor suspenso entre o prazer e uma funda irritação, afirmando porém que, uma vez *compreendido o quê da coisa* (e eu sublinho novamente as obsessões do "compreender"), não é mais possível esquecê-la: "*In this, as in so many of the other poems* [de Mallarmé], *the pleasure and irritation balance each other. But I can assure a more casual reader that if you once get the hang of it, you don't forget it*".

---

5. Loc. cit.

LA NUIT APPROBATRICE

Não nos coloquemos presunçosamente *acima* dessa leitura: mais do que uma forma de incompreensão, ela é *um modo de compreender*, ancorado numa determinada concepção de linguagem e da relação que o signo entretece com o mundo dito "real". Assinalemos, contudo, este curioso paradoxo: tendo intuído que esse poema é feito de puras *ausências*, o tradutor nele instaura, por assim dizer, a *presença* de um objeto que também não está ali, na sala vazia – que não foi sequer nomeado: *uma estátua segurando na ponta das unhas uma esfera translúcida de ônix*. De onde deriva essa escultura ou quebra-luz que Mallarmé não menciona na carta a Cazalis em que descreve o cenário da primeira versão de "Ses purs ongles...", embora faça referência à localização do espelho no espaço, a "vagos consoles" e à Grande Ursa?

Essa carta, escrita em Avignon num sábado, 18 de julho de 1868, contém o manuscrito autógrafo desse soneto que, destinado à publicação numa recolha ilustrada por águas-fortes, ficaria inédito durante quase vinte anos, só reaparecendo, com umas poucas e contudo substanciais modificações, em 1887:

Extraio este soneto, no qual tinha pensado uma vez durante este verão, de um estudo projetado sobre a *Palavra*: ele é inverso, quero dizer que o sentido, se ele tem um (mas eu me consolaria com o contrário, graças à dose de poesia que ele encerra, parece-me), é evocado pela miragem interna das próprias palavras.

É confessar que ele é pouco "plástico", como você me pede, mas pelo menos tão "branco e negro" quanto possível, e parece-me apropriado para uma água-forte plena de Sonho e de Vazio.

– Por exemplo, uma janela noturna aberta, os dois batentes fixados; um quarto com ninguém dentro, apesar do ar estável que apresentam os batentes fixados, e numa noite feita de ausência e interrogação, sem móveis, senão o esboço plausível de vagos consoles, uma moldura, belicosa e agonizante, de espelho suspenso ao fundo, com seu reflexo, estelar e incompreensível, da Grande Ursa, que liga ao céu somente esta habitação abandonada pelo mundo.

– Escolhi esse assunto de um soneto nulo refletindo-se de todas as maneiras, porque minha obra está tão bem preparada e hierarquizada, representando, como pode, o Universo, que eu não conseguiria, sem prejudicar alguma das minhas impressões sobrepostas, nada retirar –, e não há soneto algum. Eu lhe dou apenas esses detalhes, para que você não me acuse de ter procurado a estranheza, e ainda esse temor não justifica sua extensão. – Até mais, pois,

teu

STÉPHANE M.

– Acrescento que eu lhe ficaria muito grato se você me mandasse uma palavra, em resposta pelo correio, com a sua impressão, e se Lemerre o aceita para sua Recolha, e não o considera muito anormal para figurar nela. Conceda isso a um *ausente*.

Por exemplo, eu peço, com gritante insistência, *e lhe suplico*, que me enviem uma prova em tempo útil, para fazer algumas correções, se for o caso. Encarregue-se, então, dessa remessa – de boa graça.

Sonnet Allégorique de Lui-Même

La Nuit approbatrice allume les onyx
De ses ongles au pur Crime, lampadophore,
Du Soir aboli par le vespéral Phoenix
De qui la cendre n'a de cinéraire amphore

Sur des consoles, en le noir Salon: nul ptyx,
Insolite vaisseau d'inanité sonore,
Car le Maître est allé puiser de l'eau du Styx
Avec tous ses objets dont le Rêve s'honore.

Et selon la croisée au Nord vacante, un or
Néfaste incite pour son beau cadre une rixe
Faite d'un dieu que croit emporter une nixe

En l'obscurcissement de la glace, décor
De l'absence, sinon que sur la glace encor
De scintillations le septuor se fixe.

AS CINTILAÇÕES DO SÉPTUOR

Soneto Alegórico de Si Mesmo

A Noite cúmplice ilumina os ônix
De suas unhas no puro Crime, lampadófora,
Da Tarde abolida pela vesperal Fênix
Cuja cinza não tem cinerária ânfora

Sobre os consoles, no Salão vazio: nenhum ptyx,
Insólito barco de inanidade sonora,
Pois o Mestre foi sorver águas do Styx
Com esses objetos de que o Sonho se honora.

E segundo a vidraça ao norte vacante, um ouro
Nefasto incita para seu belo quadro uma rixa
Feita de um deus que crê levar uma nixa

No escurecimento do espelho, cenário
De ausência, senão que no espelho ainda
De cintilações o séptuor se fixa.

CONCA ALGUNA

Obcecado pelo chamado soneto em -*yx*, Octavio Paz se debruça sobre ele com meticuloso respeito[6] e vai, antes de tudo, à sua primeira versão, que data, como vimos, de 1868, e portanto do momento da grande crise espiritual vivida em Avignon, também figurada pela descida de Igitur, numa escada em caracol, à câmara mortuária dos ancestrais: duplo movimento de uma poética em espiral, feita de mergulhos e ascensões.

Contextualizado o soneto, o crítico-poeta se volta, como todos os leitores antes dele, para o inevitável *ptyx*, explicado a partir das observações de uma crítica belga, Mme. Noulet, que teria enfim desvendado o seu segredo: "se remontarmos à origem grega da palavra, ficamos conscientes de que a idéia de dobra é fundamental [...]; ptyx significa caracol, uma dessas

---

6. "Stéphane Mallarmé: O Soneto em ix", em Octavio Paz, *Signos em Rotação*, São Paulo, Perspectiva, 1976.

conchas que, ao aproximarmos do ouvido, nos dão a sensação de escutar o rumor do mar".

Assinalo desde já esta fantástica seqüência de curto-circuitos semânticos (Sigmund Freud utiliza também esse recurso em seus ensaios; veja-se, por exemplo, "Uma Recordação da Infância de Leonardo da Vinci"), sobre a qual repousa basicamente, para Octavio Paz, a *compreensão* (palavra agora tomada em seu sentido forte de "prender com") do soneto: da idéia de "dobra" realmente contida em "ptyx", salta-se para a de "caracol" e desta para "concha marinha", que reenvia ao "som" obscuro do "mar" no "ouvido" (que é também uma "concha") – *métaphores filées*, imagens em cadeia que transformarão, como se verá, essa crítica textual num verdadeiro poema em prosa.

Acompanhando outro fio condutor – o confronto entre as duas versões do soneto, a de 1868 e a de 1887 –, o poeta mexicano mostra, no primeiro quarteto do poema, a imagem da Angústia sobrepondo-se, como num palimpsesto, à da Noite que, embora rasurada pelo poeta, continua – para o intérprete – ali, na abertura do poema, permitindo evocar metaforicamente o fim de um dia, o começo de outro: a Angústia ergue nas mãos – como os porta-círios da antigüidade – os sonhos crepusculares de consumação e ressurreição, incinerados pelo Sol/Fênix, e que nenhuma urna recolhe no salão vazio. Um único reflexo rompe o negro total dessa noite: as unhas da Angústia.

Imagens e figuras construiriam, pois, nestes quatro versos iniciais, um conjunto temático coerente: na exata meia-noite, uma homologia se constitui entre a tragédia da natureza e o solstício de inverno. Não se trata, pois, de uma angústia de cunho psíquico, mas de uma fase de um grande rito de natureza cosmológica, numa temporalidade marcada por desamparo, indagação, espera.

Nas trevas da sala, acontece então a passagem do mundo natural para o humano, onde uma dupla negação cava o seu vazio: o segundo quarteto encena, com efeito, duas ausências: de um lado, a do ptyx, objeto enigmático, honra do nada, e que Octavio Paz – voltando ao primeiro fio condutor da sua leitura, inspirado em Mme. Noulet – visualiza sob a forma de *concha marinha*. De outro lado, o Mestre – *dominus, poeta* – ausente, a colher prantos no Styx ou Estige, rio dos ínferos pelo qual juravam os deuses. Descida, portanto, ao mundo subterrâneo, sob a forma de uma iniciação que solicita a morte do neófito. Uma purgação do eu, uma *epokhé* ou colocação entre parênteses do mundo "real": a consciência retira-se em si mesma, esvai-se, torna-se impessoal transparência. E tendo o grande poeta mexicano aceitado o ptyx sob a forma de concha, pode agora ver nele a própria estrutura do nada duplicada por uma dobra carnal: o sexo feminino. Símbolo, pois, reflexivo e erótico, o caracol, metáfora das metáforas, resumiria, em sua imensa pequenez, todas as imagens do soneto: solstício de inverno → meia noite → angústia universal → quarto vazio → Mestre → Nada → caracol, uma série contudo reversível, que pode ser desdobrada em caracol → Música → Herói/Poeta → Teatro → consciência universal → meio-dia → solstício de verão.

Os dois quartetos se fecham, assim, na pura negatividade: Treva e Ausência.

Não obstante, uma luz agoniza no primeiro terceto do poema, em espasmos que reproduzem a violência de uma cena mitológica pintada ou gravada na moldura de um espelho: "um grupo de unicórnios em cio" ataca uma nixa com labaredas e coices de fogo. Repete-se aqui, ao nível da fantasia individual e ao mesmo tempo mítica, o tema dos dois primeiros quartetos, o crime da Noite, a morte do Sol: curiosa interpretação que solicita uma sensualidade mais próxima do imaginário do mexicano que do francês (em "Ses pur ongles..." temos, não *des unicornes*, mas *des licornes*, termos sem dúvida sinônimos, embora seja talvez interessante assinalar, de um lado, a pertença da palavra *licornes* ao gênero feminino e, de outro, o fato de que a sensualidade do mito mallarmeano está entretanto misteriosamente implícita numa violência impessoal e abstrata). Admirável leitura que reenvia, entretanto, unicamente à primeira versão do texto, embora o Crime, em 1868, seja atribuído, no corpo de uma complicada sintaxe, não à Noite, mas à "Tarde abolida pela vesperal Fênix":

La Nuit approbatrice allume les onyx
De ses ongles au pur Crime, lampadophore,
Du Soir aboli par le vespéral Phoenix

Completam-se, pois, interpenetrando-se neste ponto estratégico do soneto, três representações da tragédia da natureza – a morte do Sol, o apagamento da Consciência de Si, Violação e Morte da ninfa – a primeira das quais consuma-se no segundo terceto, num espelho que exerce aqui a mesma função dupla do caracol nos quartetos: objeto onde ocorrem mágicas metamorfoses:

Elle, défunte nue en le miroir, encor
Que, dans l'oubli fermé par le cadre, se fixe
De scintillations sitôt le septuor.

Ela, defunta nua no espelho, embora
Que, no oblívio fechado pela moldura se fixe
De cintilações no mesmo instante o séptuor.

Esse belíssimo estudo, ele próprio um poema em prosa, vem acompanhado por uma tradução dedicada a Tomás Segovia que é, também ela, uma fantástica recriação de "Ses purs ongles..."; um texto que pertence, de direito, à poética de Octavio Paz, mais do que à de Stéphane Mallarmé:

El de sus puras uñas ónix, alto en ofrenda,
La Angustia, es medianoche, levanta lampadóforo,
Mucho vesperal sueño quemado por el Fénix
Que ninguna recoge ánfora cineraria:

Salón sin nadie ni en las credencias conca alguna,
Espiral espirada de inanidad sonora,
(El Maestro se ha ido, llanto en la Estigia capta
Con ese solo objeto nobleza de la Nada.)

Mas cerca la ventana vacante al norte, un oro
Agoniza según tal vez rijosa fábula
De ninfa alanceada por llamas de unicornios

Y ella apenas difunta desnuda en el espejo
Que ya en las nulidades que claüsura el marco
Del centellar se fija súbito em septimino.

SES PURS ONGLES...

Leituras que são, no fundo, duas características formas de compreensão do texto mallarmeano, e do texto em geral; evitarei fazer sobre elas julgamentos de valor, assinalando apenas – pelo viés daquele inquietante *ptyx* "que não está ali" – o quanto uma e outra, cada qual à sua maneira, roda obsessivamente em torno da questão fundamental do *sentido*: para um dos intérpretes, o misterioso signo impõe-se apenas pela força da rima: puro significante, portanto. O mesmo signo, na tradução do outro, restringe-se a um significado, o de "concha" ou "caracol", que abre uma rede de metáforas imbricadas umas nas outras: o ouvido, a vagina, a espiral, o universo dobrando-se e desdobrando-se sobre si mesmo.

Retomemos a questão a partir do começo: em grego antigo, o substantivo *ptyx*, embora regular no plural, é atestado – no singular – somente nas formas do genitivo *ptykhós*, do dativo *ptykhí* e do raríssimo acusativo *ptýkha*. Em Eurípides (*Supl.*, 979), significa "dobra de um tecido"; em Homero (*Il.*, VI, 247), "couro ou lâmina de metal recobrindo um escudo", ou "dobra, anfractuosidade, sinuosidade de uma montanha" (*Il.*, XX, 22). Em diversos contextos, esse termo designa as "dobras ou profundidades do céu", antes de Píndaro o ter utilizado metaforicamente no famoso verso 170 da Primeira Olímpica: *ptýkhas hýmnon*, "as inflexões ou dobras do pensamento do poeta". Encontramo-nos, portanto, em sentido próprio ou figurado, frente a uma cadeia lexical muito precisa, confirmada pelo verbo cognato *ptýsso* ("dobrar uma roupa", "curvar, recurvar", "fechar o rolo de um livro", "balançar uma lança antes de atirá-la"), pelo composto *anaptýsso*, "desenrolar", e por *ptýgma*, a "dobra" de uma roupa.

Na forma do nominativo, esse termo só pode ser encontrado em dicionários[7], e jamais com o sentido de "concha"; *ptyx* é uma reconstrução filológica: assim, é o próprio signo que se esvai na pauta do léxico, para ressurgir no impulso dessas *métaphores filées*: concha marinha, ouvido, vagina, espiral, universo – rede à qual se poderia talvez acrescentar o de "escada em caracol", por onde desce Igitur entre sopros e vozes enigmáticas, para sorver a gota que falta ao frasco do Nada.

Voltemo-nos, portanto, para outro tipo de documentação: uma carta em que Mallarmé alude claramente ao ptyx, referindo-se à tênue barra que separa, no signo, unindo-os, significante e significado:

Enfim, tendo acontecido como por acaso que, ritmado pela rede, e inspirado pelo loureiro, eu tivesse feito um soneto, e que tenho apenas três rimas em *ix*, prepare-se para me enviar o sentido real da palavra *ptyx*, ou me assegurar de que não não existe nenhum em nenhuma língua, o

---

7. Não foram encontrados dicionários de grego-francês no espólio de Mallarmé. No período em que o poeta freqüentou o Liceu, os estudantes dispunham de dois: o de Alexandre (1831) e o Joseph Planche (1809; segunda versão aumentada, 1838). Anne-Marie Franc, a quem devemos essa informação, constatou uma curiosa *coquille*, gralha ou erro de impressão no final da página 929 do Planche, na tiragem de 1853 da terceira edição, não revista: PTYX, com o sentido de "pássaro noturno", em lugar de PTYNX, grafia correta dessa palavra – abrindo, assim, uma nova senda para os delírios (uso aqui a palavra no sentido platônico) interpretativos e para os caçadores de reminiscências inconscientes. Ver A.-M. Franc, "La chasse au ptyx", em *Europe, revue littéraire mensuelle*, nº 825-826, Jan.-Fév. 1998, pp. 169-175.

que eu preferia [sic: *préférais*] muito, a fim de me conceder o encanto de criar pela magia da rima. Isso, Bour e Cazalis, caros dicionários de todas as belas coisas, sem demora, eu lhes peço com a impaciência "de um poeta em demanda de uma rima"[8].

Deixando de lado essas palavras inscritas num contexto de ironia quase juvenil[9], voltemo-nos para a Angústia que abre o soneto e que, na percepção de seu tradutor anglo-saxão acima citado, é seguramente uma estátua erguendo na ponta dos dedos um globo translúcido de ônix – interpretação fundada, de um lado, na projeção do discurso numa imagem – a do salão; e justificada, em parte, pelo aposto "lampadófora", que, significando "condutora da luz", poderia entretanto nos relançar numa longa digressão erudita: corridas rituais comuns em Atenas, as lampadodromias tinham por meta o altar de Prometeu; as dez tribos participavam desse concurso, cada uma delas representada, na época clássica, por corredores colocados *en relais* para a transmissão das chamas – quarenta jovens concorrentes correndo em fila, com tochas (de onde o termo "lampadóforo"), durante o espaço de apenas 25 metros, percurso cuja brevidade inspirou a Lucrécio o verso 79 do segundo canto de *Da Natureza das Coisas*: "et quasi cursores uitae lampada tradunt" (e como corredores, passam a tocha da vida). Platão, em *Rep.* 327[10], faz uma referência a essa cerimônia, voltando a mencioná-la em *Leis*, 776b.

8. Carta a Lefébure, datada de 3 de maio de 1868, *Corresp.*, p. 386.
9. O termo Ptyx (com maiúscula) aparece num poema de Victor Hugo incluído em *La Légende des Siècles*, livro datado de setembro de 1859: "Sylvain du Ptyx que l'homme appelle Janicule". Observe-se que, numa carta datada de 27 de agosto de 1868 (posterior, portanto, à endereçada à Lefébure, na qual o poeta diz preferir que o termo ptyx "não tivesse qualquer sentido"), Mallarmé solicita a Roumanille que lhe envie um exemplar "à trois francs" de *La Légende des Siècles*.
10. "Ontem, fui ao Pireu com Gláucon, filho de Aríston, a fim de dirigir minhas preces à deusa e, ao mesmo tempo, com o desejo de ver de que maneira celebravam a festa dos portadores de tochas, pois era a primeira vez que o faziam [...].

128 OS ANOS DE EXÍLIO DO JOVEM MALLARMÉ

A prática religiosa da renovação do fogo poderia estar na origem dessas corridas helênicas, celebradas primitivamente em honra das divindades do fogo e das artes: é possível imaginar, sob o aspecto puramente agônico das lampadodromias, uma origem catártica para essa cerimônia, o que nos recolocaria no percurso da interpretação do grande poeta mexicano. Atentemos, contudo, para o confronto entre o primeiro quarteto do soneto, em suas duas versões mediadas por vinte anos de trabalho sobre a matéria poética:

La Nuit approbatrice allume les onyx
De ses ongles au pur Crime, lampadophore,
Du Soir aboli par le vespéral Phoenix
De qui la cendre n'a de cinéraire amphore

Ses purs ongles très haut dédiant leur onyx,
L'Angoisse ce minuit, soutient, lampadophore,
Maint rêve vespéral brûlé par le Phénix
Que ne recueille pas de cinéraire amphore.

Apoiando-se numa descrição do quarto feita em 1868:

– Por exemplo, uma janela noturna aberta, os dois batentes fixados; um quarto com ninguém dentro, apesar do ar estável que apresentam os batentes fixados, e numa noite feita de ausência e interrogação, sem móveis, senão o esboço plausível de vagos consoles, uma moldura, belicosa e agonizante, de espelho suspenso ao fundo, com seu reflexo, estelar e incompreensível, da Grande Ursa, que liga ao céu somente esta habitação abandonada pelo mundo,

Octávio Paz observa que ela coincidiria, "ponto por ponto", com a misteriosa sala do soneto em sua versão definitiva; e essa aproximação é, como vimos, um dos fios condutores da leitura do grande ensaísta mexicano.

Não é necessário insistir no fato de que a "janela noturna com os batentes fixados" dessa descrição foi substituída, na versão de 1887, por "uma vidraça ao norte ausente", isto é, "que não está ali", se dermos ao termo "vacante" o sentido de lugar "vago ou desocupado" que lhe vem do latim *uacuus*. Por outro lado, é preciso observar que Mallarmé, na famosa carta, não parece estar situando os seus versos num espaço mundano, mas apenas sugerindo a Cazalis uma ilustração para um soneto que, sendo "muito pouco plástico", talvez não encontrasse (o que realmente aconteceu, mas por outra razão)[11], aos olhos do editor Lemerre, um lugar numa recolha de textos a serem acompanhados por águas-fortes.

A versão de 1887 é um trabalho de reescrita radical: anulando o contexto ainda narrativo do "Soneto Alegórico de Si Mesmo" – a Noite cúmplice, a Tarde, o Crime –, esvazia sua temática ainda baudelairiana no gesto mesmo da Angústia erguendo muito alto o ônix das puras unhas, perfeita antítese de *As Flores do Mal*:

> – Et de longs corbillards, sans tambours ni musique,
> Défilent lentement dans mon âme; l'Espoir,
> Vaincu, pleure, et l'Angoisse atroce, despotique,
> Sur mon crâne incliné plante son drapeau noir.

> – Sem música ou tambor, longos cortejos fúnebres
> Desfilam lentamente em minha alma; a Esperança,
> Vencida, chora; e atroz, despótica, a Angústia
> Em meu crânio inclinado crava sua bandeira negra[12].

Não seria a obsessão, em suma, de encontrar o sentido primeiro desse soneto o que o transforma literalmente num enigma, num falar encoberto exigindo decifração? Não que ele não

---

11. Em resposta a Mallarmé, Cazalis escreve: "[...] não levei seu soneto a Lemerre. Sábado, quando cheguei com um soneto muito bonito de Lefébure, Lemerre me respondeu que Burty, o empresário deste tolo negócio, tinha agora mais sonetos do que água-fortistas, e não aceitaria mais nenhum, fosse do próprio Deus". Cf. *Corresp.*, p. 393, n. 2.
12. Charles Baudelaire, "Spleen", em *Les Fleurs du Mal*, Paris, Gallimard, 1992.

guarde em si muitos sentidos – banais, míticos, metafísicos; todos os que pusermos nele; basta puxar um fio e eles vêm à tona, num movimento que desfaz, ao mesmo tempo, o tecido de "Ses purs ongles...", isto é, as palavras que o compõem, seu ritmo, o seu acontecer na pura audição encantatória, como o sugere o próprio poeta.

A questão do sentido foi aqui inteiramente *deslocada*: não houve, na passagem da primeira à segunda versão do soneto, um progressivo e voluntário obscurecimento semântico, mas, com o apagamento do esquema narrativo, uma transformação radical na pauta sintática que agora pode acolher – impossível não lembrar, de novo, o "obscuro Heráclito" – palavras que se acendem com medida e com medida se apagam:

No final, percebe-se então que o cintilar das estrelas "logo" se fixa: o tempo, já nas duas primeiras estrofes uma presença quase só induzida, transformar-se-á em ausência de tempo; está para *transformar-se* nela. A poesia pode e quer tocar o absoluto só no futuro e de forma hipotética, assim como só pode tocar as ausências (o Nada), tornando o sentido enigmático. Se quisesse assumir plenamente o absoluto da ausência de tempo e da ausência de concreto, não poderia, de forma alguma, subsistir como poesia – não seria, então, mais que um silêncio, um lugar vazio. A linguagem se detém no limite extremo, onde é ainda possível criar o espaço em que o Nada pode sobreviver, mediante anulação dos objetos na própria palavra que os nega. Aqui sua introdução é acompanhada da angústia. É esta que pode estender-se, que impregna os poucos objetos que restam tornando-os inquietantes e tornando sua inquietação ainda mais inquietante graças à ausência dos demais. Tudo isto é, porém, obra da linguagem; o que nela acontece não pode desenrolar-se em nenhum mundo real[13].

13. Hugo Friedrich, *Estrutura da Lírica Moderna*, São Paulo, Duas Cidades, 1978, p. 130.

Mallarmé em Verso e Prosa

———◆———

Les Fleurs/As Flores
Le Parnasse Contemporain, 12 de maio de 1866.
Poésies (1887); *AVP*; *Vers et prose* (1892-1893).
Escrito em 1864.
Observe-se que na versão de 1887 Mallarmé apagará
a palavra *Dieu/Deus*, que era então o destinatário fi-
nal do poema, substituindo-a por *Ô Mère*/Ó Mãe.   p. 136

Las de l'amer repos.../Cansado do repouso amargo...
Manuscrito autógrafo datado de 1864.
Sem título.
Le Parnasse Contemporain, 12 de maio de 1866.
Antes de sua primeira publicação em volume, esta
composição intitulava-se "Épilogue/Epílogo" e fe-
chava o grupo de poemas até então compostos por
Mallarmé.   p. 140

Tristesse d'été/Tristeza de Verão
Le Parnasse Contemporain, 30 de junho de 1866.
Poésies (1887); *Vers et prose*.   p. 144

132   OS ANOS DE EXÍLIO DO JOVEM MALLARMÉ

Brise marine/Brisa Marinha
Le Parnasse Contemporain, 12 de maio de 1866.
Poésies (1887); *Vers et prose.*
Veja-se também, em *Poetas de França*, a bela tradução de Guilherme de Almeida.   p. 146

La chevelure vol.../A cabeleira vôo...
O primeiro manuscrito data de julho de 1887.
Publicado pela primeira vez como parte integrante do poema em prosa "*La déclaration foraine*/Declaração na quermesse".
Primeira publicação do soneto em *Le Faune*, n. 1, 20 de março de 1889.   p. 148

Sainte/Santa
Poema enviado em 1865 a Mme. Brunet, madrinha de Geneviève, filha de Mallarmé. Essa senhora, cujo prenome era Cécile, tinha por marido um vidraceiro, poeta em língua provençal.
O texto foi publicado pela primeira vez por Verlaine, em "Les Poètes maudits" (*Lutèce*, 24-30 de novembro de 1883).
Poésies (1887); *AVP.*   p. 150

Prose/Prosa
Prosa: hino latino, geralmente cantado entre a epístola e o evangelho.
Poema publicado em *La Revue indépendante*, janeiro de 1885.
Poésies (1887); *Vers et prose.*   p. 152

Autre Éventail de Mademoiselle Mallarmé/Outro Leque de Mademoiselle Mallarmé
La Revue Critique, 6 de abril de 1884.
Poésies (1887).   p. 158

MALLARMÉ EM VERSO E PROSA

Feuillet d'album/Folha de Álbum
La Wallonie, setembro-dezembro de 1892.
Este poema foi escrito em 1890 a pedido de Thérèse
Roumanille: "De repente e como por brincadeira, foi
recopiado indiscretamente do álbum da filha do poe-
ta provençal Roumanille, meu velho amigo: eu a ti-
nha admirado, criança, e ela quis lembrar-se disso
para solicitar, senhorita, alguns versos" (Mallarmé,
carta a Verlaine conhecida como "Bibliografia").   p. 160

Victorieusement fui.../Vitoriosamente eludido...
Les Hommes d'aujourd'hui, n. 26 (fevereiro de 1887).
Poésies (1887); *Vers et prose*.   p. 162

Toute l'âme résumée.../Toda a alma resumida...
Le Figaro – Supplément littéraire de 2 de agosto de
1895.
Primeira publicação em volume na edição NRF, 1913.
(Edição de que Fernando Pessoa possuía um exem-
plar, por ele anotado.)   p. 164

M'introduire dans ton histoire.../Introduzir-me em tua
história...
La Voge, 13-20 de junho de 1886.
Poésies (1887); *Vers et prose*.   p. 166

Mes bouquins renfermés.../Meus velhos livros fecha-
dos...
La Revue indépendante, janeiro 1887.
Poésies (1887); *Vers et prose*.   p. 168

Treze Poemas

Les Fleurs

Des avalanches d'or du vieil azur, au jour
Premier et de la neige éternelle des astres
Jadis tu détachas les grands calices pour
La terre jeune encore et vierge de désastres,

Le glaïel fauve, avec les cygnes au col fin,
Et ce divin laurier des âmes éxilées
Vermeil comme le pur orteil du séraphin
Que rougi la pudeur des aurores foulées,

L'hyacinthe, le myrthe à l'adorable éclair
Et, pareille à la chair de la femme, la rose
Cruelle, Hérodiade en fleur du jardin clair,
Celle qu'un sang farouche et radieux arrose!

Et tu fis la blancheur sanglotante des lys
Qui roulant sur les mers de soupirs qu'elle effleure
À travers l'encens bleu des horizons pâlis
Monte rêveusement vers la lune qui pleure!

Hosannah sur le cistre et dans les encensoirs,
Notre dame, hosannah du jardin de nos limbes!
Et finisse l'écho par les célestes soirs,
Extase des regards, scintillement des limbes!

As Flores

Das avalanches de ouro do velho azul, no dia
Primeiro e da neve sempiterna dos astros
Separaste outrora os grandes cálices para
A terra ainda jovem e virgem dos desastres,

O ruivo gladíolo, com os cisnes de colo fino,
E o divino loureiro das almas exiladas,
Rubro como o puro artelho do serafim
Que o pudor de auroras esmagadas enrubesce,

O jacinto, o mirto de adorável brilho
E, semelhante à carne da mulher, a rosa
Cruel, Herodíade em flor do jardim claro,
Que um sangue indomável e radiante asperge!

E fizeste a brancura soluçante dos lírios
que girando nos mares de suspiros que ela aflora
Pelo incenso azul de horizontes descorados
Sonhadoramente sobe à lua que plange!

Hosana nos cistros e nos incensórios,
Nossa senhora, hosana do jardim de nossos limbos!
E que termine o eco pelas celestes tardes,
Êxtase dos olhares, cintilação dos nimbos!

Ô Mère, qui créas en ton sein juste et fort,
Calices balançant la future fiole,
De grandes fleurs avec la balsamique Mort
Pour le poète las que la vie étiole.

Ó Mãe, que criaste em teu seio justo e forte
Cálices ondulando o futuro frasco,
Grandes flores com a balsâmica Morte
Para o poeta lasso que a vida estiola.

Las de l'amer repos où ma paresse offense
Une gloire pour qui jadis j'ai fui l'enfance
Adorable des bois de roses sous l'azur
Naturel, et plus las sept fois du pacte dur
De creuser par veillée une fosse nouvelle
Dans le terrain avare et froid de ma cervelle,
Fossoyeur sans pitié pour la stérilité,
– Que dire à cette Aurore, ô Rêves, visité
Par les roses, quand, de peur de ses roses livides,
Le vaste cimetière unira les trous vides? –

Je veux délaisser l'Art vorace d'un pays
Cruel, et, souriant aux reproches vieillis
Que me font mes amis, le passé, le génie,
Et ma lampe qui sait pourtant mon agonie,
Imiter le Chinois au coeur limpide et fin
De qui l'extase pure est de peindre la fin
Sur ses tasses de neige à la lune ravie
D'une bizarre fleur qui parfume sa vie
Transparente, la fleur qu'il a sentie, enfant,
Au filigrane bleu de l'âme se greffant.
Et, la mort telle avec le seul rêve du sage,
Serein, je vais choisir un jeune paysage

Cansado do repouso amargo onde a preguiça ofende
Uma glória por que abandonei um dia a infância
Adorável dos bosques de rosas sob o azul
Natural, e sete vezes mais cansado do pacto duro
De escavar durante a vigília ainda outra cova
No terreno avaro e frio do meu próprio cérebro,
Coveiro impiedoso com a esterilidade,
– O que dizer a esta Aurora, ó Sonhos, visitado
Pelas rosas, quando, temendo as suas rosas lívidas,
O vasto cemitério unirá os furos vazios? –

Quero renunciar à Arte voraz de um país
Cruel, e, desdenhando das censuras antiquadas
Que me fazem meus amigos, o passado, o gênio,
E a lâmpada que conhece porém minha agonia,
Imitar o chinês de coração límpido e fino
De quem o êxtase puro é o de pintar o fim
Em suas chávenas de neve à lua arrebatada
De uma flor extravagante que lhe perfuma a vida
Transparente, a flor que ele aspirou, criança,
Na filigrana azul da sua alma enxertando-se.
E, a morte tal com o único sonho do sábio,
Sereno, vou escolher uma paisagem tenra

Que je peindrais encor sur les tasses, distrait.
Une ligne d'azur mince et pâle serait
Un lac, parmi le ciel de porcelaine nue,
Un clair croissant perdu par une blanche nue
Trempe sa corne calme en la glace des eaux,
Non loin de trois grands cils d'émeraude, roseaux.

Que pintaria ainda nas taças, distraído.
Uma linha de azul fina e pálida seria
Um lago, no meio do céu de porcelana nua,
Um claro crescente perdido por uma nuvem branca
Embebe seu chifre calmo no gelo das águas,
Não longe de três grandes cílios de esmeralda, juncos.

Tristesse d'été

Le soleil, sur le sable, ô lutteuse endormie,
En l'or de tes cheveux chauffe un bain langoureux
Et, consumant l'encens sur ta joue ennemie,
Il mêle avec les pleurs un breuvage amoureux.

De ce blanc flamboiement l'immuable accalmie
T'a fait dire, attristé, ô mes baisers peureux,
"Nous ne serons jamais une seule momie,
Sous l'antique désert et les palmiers heureux!"

Mais ta chevelure est une rivière tiède,
Où noyer sans frissons l'âme qui nous obsède
Et trouver ce Néant que tu ne connais pas!

Je goûterai le fard pleuré par tes paupières,
Pour voir s'il sait donner au coeur que tu frappas
L'insensibilité de l'azur et des pierres.

Tristeza de Verão

O sol, sobre a areia, ó combatente adormecida,
No ouro de teus cabelos aquece um lânguido banho
E, consumindo o incenso em tua face inimiga,
Mistura com os prantos uma tisana amorosa.

Desta branca resplendência a imutável calmaria
Te fez dizer, entristecida, ó meus tímidos beijos,
"Nós dois não seremos jamais uma única múmia
Sob o antigo deserto e as palmeiras felizes!"

Mas a tua cabeleira é um riacho tépido
Onde afogar sem tremer a alma que nos obceca
E descobrir aquele Nada que tu desconheces.

Vou provar da pintura que chorarem tuas pálpebras,
Para ver se ela sabe dar ao coração que feriste
Toda a insensibilidade do azul e das pedras.

Brise marine

La chair est triste, hélas! et j'ai lu tous les livres.
Fuir! là-bas fuir! Je sens que des oiseaux sont ivres
D'être parmi l'écume inconnue et les cieux!
Rien, ni les vieux jardins reflétés par les yeux
Ne retiendra ce coeur qui dans la mer se trempe
Ô nuits! ni la clarté déserte de ma lampe
Sur le vide papier que la blancheur défend
Et ni la jeune femme allaitant son enfant.
Je partirai! Steamer balançant ta mâture,
Lève l'encre pour une exotique nature!

Un Ennui, désolé par les cruels espoirs,
Croit encore à l'adieu suprême des mouchoirs!
Et, peut-être, les mâts, invitant les orages
Sont-ils de ceux qu'un vent penche sur les naufrages
Perdus, sans mâts, sans mâts, ni fertiles îlots...
Mais, ô mon coeur, entends le chant des matelots!

Brisa Marinha

A carne é triste, ai de mim! e eu li todos os livros.
Fugir! para além, fugir! Eu sinto pássaros ébrios
De estarem na espuma desconhecida e nos céus!
Nada, nem os velhos jardins refletidos nos olhos,
Vai reter este coração que no mar se embebe
Ó noites! nem a deserta claridade da lâmpada
Sobre o vazio papel que a brancura defende,
E nem mesmo a jovem mulher aleitando seu filho.
Eu partirei! Ó veleiro balançando teu mastro,
Larga as amarras para uma exótica natureza!

Um Tédio, devastado pelas cruéis esperanças,
Acredita ainda no adeus supremo dos lenços!
E pode ser que os mastros, convidando as tempestades
Sejam daqueles que um vento inclina sobre os naufrágios
Perdidos, sem mastros, sem mastros, e sem ilhas férteis...
Mas escuta, ó meu coração, o canto dos marujos!

La chevelure vol d'une flamme à l'extrême
Occident de désirs pour la tout éployer
Se pose (je dirais mourir un diadème)
Vers le front couronné son ancien foyer

Mais sans or soupirer que cette vive nue
L'ignition du feu toujours intérieur
Originellement la seule continue
Dans le joyau de l'oeil véridique ou rieur

Une nudité de héros tendre diffame
Celle qui ne mouvant astre ni feux aux doigt
Rien qu'à simplifier avec gloire la femme
Accomplit par son chef fulgurante l'exploit

De semer de rubis le doute qu'elle écorche
Ainsi qu'une joyeuse et tutélaire torche.

A cabeleira vôo de uma flama no extremo
Ocidente de anseios para a desfraldar toda
Dispõe-se (eu diria morrer um diadema)
Para a fronte coroada o seu antigo lar

Mas sem ouro suspirar que esta viva nuvem
A incandescência do fogo sempre interior
Originalmente a única continue
Na jóia do olho verídico ou risonho

Uma nudez de herói comovido calunia
Aquela que sem mover astro ou fogo no dedo
Apenas ao simplificar com glória a mulher
Realiza com sua cabeça fulgurante o feito

De semear de rubis a dúvida que esfolha
À maneira de uma tocha alegre e tutelar.

Sainte

À la fenêtre recelant
Le santal vieux qui se dédore
De sa viole étincelant
Jadis avec flûte ou mandore,

Est la Sainte pâle, étalant
Le livre vieux qui se déplie
Du Magnificat ruisselant
Jadis selon vêpre et complie:

À ce vitrage d'ostensoir
Que frôle une harpe par l'Ange
Formée avec son vol du soir
Pour la délicate phalange

Du doigt que, sans le vieux santal
Ni le vieux livre, elle balance
Sur le plumage instrumental,
Musicienne du silence.

Santa

A uma janela encobrindo
O velho sândalo já gasto
De sua viola cintilando
Outrora com flauta e bandurra,

Está a Santa pálida, expondo
O velho livro desdobrado
Do Magnificat jorrando
Outrora em véspera e completas:

Neste vitral de ostensório
Que aflora a harpa de um Anjo
Feita com seu vôo da tarde
Para a delicada falange

Do dedo, que, sem velho sândalo
Nem velho livro, ela balança
Sobre a instrumental plumagem,
Musicista do silêncio.

Prose

(pour des Esseintes)

Hyperbole! de ma mémoire
Triomphalement ne sais-tu
Te lever, aujourd'hui grimoire
Dans un livre de fer vêtu:

Car j'installe, par la science,
L'hymne des coeurs spirituels
En l'oeuvre de ma patience,
Atlas, herbiers et rituels.

Nous promenions notre visage
(Nous fûmes deux, je le maintiens)
Sur maints charmes de paysage
Ô soeur, y comparant les tiens.

L'ère d'autorité se trouble
Lorsque, sans nul motif, on dit
De ce midi que notre double
Inconscience approfondit

Que, sol des cent iris, son site,
Ils savent s'il a bien été,
Ne porte pas de nom que cite
L'or de la trompette d'Été.

Prosa

(para des Esseintes)

Hipérbole! da minha memória
Triunfalmente não saberias
Levantar-te hoje como hieróglifo
Em um livro de ferro vestido:

Pois eu instalo, pela ciência,
O hino dos corações espirituais
Na obra da minha paciência,
Atlas, herbários e rituais.

Passeávamos o nosso rosto
(Fomos dois, eu o mantenho)
Em muitas graças de paisagem,
Ó irmã, comparando-as às tuas.

A era de autoridade perturba-se
Quando, sem qualquer motivo, dizem
Do meio-dia que nossa dupla
Inconsciência torna mais fundo

Que, chão de cem íris, seu lugar,
Sabem se ele foi realmente,
Não ostenta nome algum que cite
O ouro do clarim de Verão.

Oui, dans une île que l'air charge
De vue et non de visions
Toute fleur s'étalait plus large
Sans que nous en devisions.

Telles, immenses, que chacune
Ordinairement se para
D'un lucide contour, lacune,
Qui des jardins la sépara.

Gloire du long désir, Idées
Tout en moi s'exaltait de voir
La famille des iridées
Surgir à ce nouveau devoir,

Mais cette soeur sensée et tendre
Ne porta son regard plus loin
Que sourire et, comme à l'entendre
J'occupe mon antique soin.

Oh! sache l'Esprit de litige,
À cette heure où nous nous taisons,
Que de lis multiples la tige
Grandissait trop pour nos raisons

Et non comme pleure la rive,
Quand son jeu monotone ment
A vouloir que l'ampleur arrive
Parmi mon jeune étonnement

D'ouïr tout le ciel et la carte
Sans fin attestés sur mes pas,
Par le flot même qui s'écarte
Que ce pays n'exista pas.

Sim, numa ilha que o ar carrega
De vista e não de visões
Toda flor expunha-se maior
Sem que sobre isso falássemos,

Tais, imensas, que cada uma
Ordinariamente se enfeitou
Com um lúcido contorno, lacuna
Que dos jardins a separou.

Glória do longo desejo, Idéias,
Em mim tudo se exaltava ao ver
Toda a família das iridáceas
Surgir a esse novo dever,

Mas esta irmã sensata e terna
Não levantou o olhar mais longe
Que sorriso e, como que a ouvi-la
Retomo meu antigo desvelo.

Oh! saiba o Espírito de litígio,
Nesta hora em que silenciamos,
Que de lírios múltiplos a haste
Para nossas razões recrescia

E não como chora a margem,
Quando seu jogo monótono mente
A querer que a amplidão venha
Por entre minha jovem surpresa

De ouvir todo o céu e o mapa
Sem fim atestados em meus passos
Pela própria onda que se afasta,
Que este país nunca existiu.

L'enfant abdique son extase
Et docte déjà par chemins
Elle dit le mot: Anastase!
Né pour d'éternels parchemins,

Avant qu'un sépulcre ne rie
Sous aucun climat, son aïeul,
De porter ce nom: Pulchérie!
Caché par le trop grand glaïeul.

A criança abdica de seu êxtase
E douta desde já por caminhos
Diz a palavra: Anastácio!
Nascida para eternos pergaminhos,

Antes que um sepulcro possa rir
Seja onde for, seu ancestral,
Por usar este nome: Pulquério!
Oculto pelo enorme gladíolo.

Autre Éventail

de Mademoiselle Mallarmé

Ô rêveuse, pour que je plonge
Au pur délice sans chemin,
Sache, par un subtil mensonge,
Garder mon aile dans ta main.

Une fraîcheur de crépuscule
Te vient à chaque battement
Dont le coup prisonnier recule
L'horizon délicatement.

Vertige! voici que frissonne
L'espace comme un grand baiser
Qui, fou de naître pour personne,
Ne peut jaillir ni s'apaiser.

Sens-tu le paradis farouche
Ainsi qu'un rire enseveli
Se couler du coin de ta bouche
Au fond de l'unanime pli!

Le sceptre des rivages roses
Stagnants sur les soirs d'or, ce l'est,
Ce blanc vol fermé que tu poses
Contre le feu d'un bracelet.

Outro Leque

de Mademoiselle Mallarmé

Ó sonhadora, para que eu mergulhe
Na pura delícia sem caminho,
Queira, por uma sutil mentira,
Guardar minha asa em tua mão.

Uma aragem crespuscular
Vem a ti a cada pulsação
Cujo lance prisioneiro recua
Delicadamente o horizonte.

Vertigem! e então estremece
O espaço como um grande beijo
Que, louco por nascer para ninguém
Não pode surgir nem cessar.

Sentes o paraíso feroz
Assim como um sorriso sepulto
Escorrer-te do canto da boca
Ao fundo da unânime dobra!

O cetro das margens cor-de-rosa
Quedas nas tardes de ouro, é este
Branco vôo fechado que pousas
De encontro ao fogo de um bracelete.

Feuillet d'album

Tout à coup et comme par jeu
Mademoiselle qui voulûtes
Ouïr se révéler un peu
Le bois de mes diverses flûtes

Il me semble que cet essai
Tenté devant un paysage
A du bon quand je le cessai
Pour vous regarder au visage

Oui ce vain souffle que j'exclus
Jusqu'à la dernière limite
Selon mes quelques doigts perclus
Manque de moyen s'il imite

Votre très naturel et clair
Rire d'enfant qui charme l'air.

Folha de Álbum

De repente e como que brincando
Mademoiselle que pretendeste
Ouvir manifestar-se um pouco
O lenho de minhas várias flautas

A mim parece-me que este ensaio
Tentado em frente a uma paisagem
Só prevalece quando o cessei
Para vos considerar no rosto

Sim este sopro vão que excluo
Até o derradeiro limite
Segundo estes meus dedos perclusos
Faltam-lhe os meios se ele imita

Vosso muito natural e claro
Riso de infante que encanta o ar.

Victorieusement fui le suicide beau
Tison de gloire, sang par écume, or, tempête!
Ô rire si là-bas une pourpre s'apprête
À ne tendre royal que mon absent tombeau.

Quoi! de tout cet éclat pas même le lambeau
S'attarde, il est minuit, à l'ombre qui nous fête
Excepté qu'un trésor présompteux de tête
Verse son caressé nonchaloir sans flambeau,

La tienne si toujours le délice! la tienne
Oui seule qui du ciel évanoui retienne
Un peu de puéril triomphe en t'en coiffant

Avec clarté quand sur les coussins tu la poses
Comme un casque guerrier d'impératrice enfant
Dont pour te figurer il tomberait des roses.

Vitoriosamente eludido o suicídio belo
Tição de glória, sangue em espuma, ouro, tormenta!
Ó riso se além uma púrpura prepara-se
A erigir real só o meu túmulo ausente.

Quê! de todo este brilho nem mesmo um farrapo
Demora-se, é meia-noite, à sombra que nos festeja
Exceto que um tesouro com presunção de cabeça
Verte sua acariciada indolência sem tocha,

A tua sim para sempre o deleite! a tua
Sim única que do céu desmaiado retenha
Um pouco de infantil triunfo ao nimbar-te a cabeça

Com luz quando sobre as almofadas a pousas
Como um casco guerreiro de imperatriz infanta
Do qual para te figurar cairiam rosas.

Toute l'âme résumée
Quand lente nous l'expirons
Dans plusieurs ronds de fumée
Abolis en autres ronds

Atteste quelque cigare
Brûlant savamment pour peu
Que la cendre se sépare
De son clair baiser de feu

Ainsi le coeur des romances
À ta lèvre vole-t-il
Exclus-en si tu commences
Le réel parce que vil

Les sens trop précis rature
Ta vague littérature.

Toda a alma resumida
Quando lenta a expiramos
Em círculos de fumaça
Abolidos noutros círculos

Atesta algum charuto
Queimando sábio por pouco
Que a cinza se separe
Do claro beijo de fogo

E o coro das romanças
Voa em teu lábio assim
Dele exclui se tu começas
O real porque é vil

Muito exato o sentido rasura
Tua vaga literatura.

M'introduire dans ton histoire
C'est en héros effarouché
S'il a du talon nu touché
Quelque gazon de territoire

À des glaciers attentatoire
Je ne sais le naïf péché
Que tu n'auras pas empêché
De rire très haut sa victoire

Dis si je ne suis pas joyeux
Tonnerre et rubis aux moyeux
De voir en l'air que ce feu troue

Avec des royaumes épars
Comme mourir pourpre la roue
Du seul vespéral de mes chars.

Introduzir-me em tua história
É como um herói assustado
Se com calcanhar nu tocou
Uma relva de território

Contra geleiras afrontoso
Desconheço o ingênuo pecado
Que tu não terás impedido
De rir muito alto sua vitória

Dize se eu não sou feliz
Trovoada e rubis nos eixos
De ver no ar que este fogo rompe

Com reinos disseminados
Como morrer púrpura a roda
Do único vesperal de meus carros.

Mes bouquins renfermés sur le nom de Paphos,
Il m'amuse d'élire avec le seul génie
Une ruine, par mille écumes bénie
Sous l'hyacinthe, au loin, de ses jours triomphaux.

Coure le froid avec ses silences de faulx,
Je n'y hululerai pas de vide nénie
Si ce très blanc ébat au ras du sol dénie
À tout site l'honneur du paysage faux.

Ma faim qui d'aucuns fruits ici ne se régale
Trouve en leur docte manque une saveur égale:
Qu'un éclate de chair humain et parfumant!

Le pied sur quelque guivre où notre amour tisonne,
Je pense plus longtemps peut-être éperdument
À l'autre, au sein brûlé d'une antique amazone.

Meus velhos livros fechados no nome de Pafos
Diverte-me eleger com o gênio somente
Uma ruína, por mil espumas bendita
Sob o jacinto, ao longe, de seus dias triunfais.

Corra o frio com seus silêncios de foice,
Não vou ulular ali alguma vazia nênia
Se esta branquíssima luta à flor do solo nega
A todo lugar a honra da paisagem falsa.

Minha fome que nenhum fruto aqui sacia
Encontra em sua douta falta um sabor igual:
Que um esplenda de carne humano e perfumando!

O pé nalguma serpe em que nosso amor se atiça
Penso mais tempo ainda talvez perdidamente
Na outra, no seio calcinado de uma antiga amazona.

Florianópolis/Belém/Campinas,
abril/dezembro de 2002

Sobre o Autor

Joaquim Brasil Fontes é autor de *As Obrigatórias Metáforas* (São Paulo, Iluminuras, 1999); *O Livro dos Simulacros* (Florianópolis, Clavicórdio, 2000); *Eros, Tecelão de Mitos* (2ª ed., Iluminuras, 2003), ensaio sobre Safo de Lesbos, cuja lírica subsistente traduziu para o português sob o título *Poemas e Fragmentos* (Iluminuras, 2004) e *Eurípides, Sêneca, Racine – Hipólito e Fedra* (Iluminuras, 2007). Publicou também obras de caráter ficcional; entre outras: *A Musa Adolescente* (Iluminuras, 1998), *Simon Magus* (Campinas, GEISH, 2000) e *Equus Eroticus*, biografia romanceada do poeta latino Tibulo (Clavicórdio, 2001).

Coleção Estudos Literários

◆

1. *Clarice Lispector. Uma Poética do Olhar*
   Regina Lúcia Pontieri
2. *A Caminho do Encontro. Uma Leitura de* Contos Novos
   Ivone Daré Rabello
3. *Romance de Formação em Perspectiva Histórica.* O Tambor de
   Lata *de G. Grass*
   Marcus Vinicius Mazzari
4. *Roteiro para um Narrador. Uma Leitura dos Contos de Rubem
   Fonseca*
   Ariovaldo José Vidal
5. *Proust, Poeta e Psicanalista*
   Philippe Willemart
6. *Bovarismo e Romance:* Madame Bovary *e* Lady Oracle
   Andrea Saad Hossne
7. *O Poema: Leitores e Leituras*
   Viviana Bosi et al. (orgs.)
8. *A Coreografia do Desejo. Cem Anos de Ficção Brasileira*
   Maria Angélica Guimarães Lopes
9. Serafim Ponte Grande *e as Dificuldades da Crítica Literária*
   Pascoal Farinaccio
10. *Ficções: Leitores e Leituras*
    Viviana Bosi et al. (orgs.)
11. *Samuel Beckett: O Silêncio Possível*
    Fábio de Souza Andrade
12. *A Educação Sentimental em Proust*
    Philippe Willemart
13. *João Guimarães Rosa e a Saudade*
    Susana Kampff Lages

14. *A Jornada e a Clausura*
    Raquel de Almeida Prado
15. *De Vôos e Ilhas. Literatura e Comunitarismos*
    Benjamin Abdala Junior
16. *A Ficção da Escrita*
    Claudia Amigo Pino
17. *Portos Flutuantes. Trânsitos Ibero-afro-americanos*
    Benjamin Abdala Junior et al. (orgs.)
18. *Percursos pela África e por Macau*
    Benilde Justo Caniato
19. *O Leitor Segundo G. H.*
    Emília Amaral
20. *Angola e Moçambique. Experiência Colonial
    e Territórios Literários*
    Rita Chaves
21. *Milton Hatoum: Itinerário para um certo Relato*
    Marleine Paula Marcondes e Ferreira de Toledo
22. *Mito e Poética na Literatura Contemporânea.
    Um Estudo sobre José Saramago*
    Vera Bastazin
23. *Estados da Crítica*
    Alcides Cardoso dos Santos (org.)
24. *Os Anos de Exílio do Jovem Mallarmé*
    Joaquim Brasil Fontes

Título	Os Anos de Exílio do Jovem Mallarmé
Autor	Joaquim Brasil Fontes
Produção editorial	Aline Sato
Capa	Plinio Martins e
	Tomás Martins (Projeto Gráfico)
Ilustração da capa	Henrique Xavier
Revisão	Geraldo Grerson de Souza
Editoração eletrônica	Amanda E. de Almeida
Formato	12,5 x 20,5 cm
Tipologia	Times
Papel	Cartão Supremo 250 g/m² (capa)
	Polén Soft 80 g/m² (miolo)
Número de páginas	176
Impressão e acabamento	Gráfica Vida e Consciência